海外の介護保障を学ぶ

―オランダ、ドイツ、デンマーク、フィンランド―

成清 美治

学文社

はじめに

　今日、世界で最も福祉サービスが充実している国は北欧諸国です。北欧諸国とは、スウェーデン、デンマーク、ノルウェー、フィンランド、アイスランドからなり、福祉国家として普遍主義に基づく高度の社会福祉サービスを国民に提供しています。

　それでは、これらの国々はどのように福祉国家として国民の安定した生活を維持しているのでしょうか。それは各国共通の北欧型福祉モデルに基づいて社会福祉政策を実施しているからです。このモデルは、①普遍主義、②公的施策主義、③所得再分配主義、④社会サービス、⑤地方分権、⑥平等主義等を掲げています。これらの項目の推進が国民同意のもと高福祉高負担を前提とした公的施策を基本とした社会福祉サービスの実現に繋がっているのです。

　しかし、近年は世界的金融危機による経済の鈍化が福祉先進国の財政悪化を招来し、社会福祉サービスの効率化、活性化、公的職員の人件費の削減を迫り、民間サービス業者の導入を図っています。

　本書では、北欧諸国のうち「幸福度世界一」のデンマークと、「学力世界一」で有名なフィンランドの介護保障制度を取り上げました。そして、日本の介護保険法制定にあたって、多大な影響を受けたドイツ、そのドイツの介護保険法制定に影響を与えたオランダの介護保障制度を見ることにしました。

ドイツの介護保険は同国の五番目の社会保険として、一九九四年に成立しました。給付は、在宅給付が一九九五年四月一日より、施設給付は翌年の七月一日より開始されました。オランダの介護保険制度は特別医療費補償法（特別医療費保険法）に基づいて実施されています。この法律が制定されたのは一九六七年一二月一四日でした。同法律の目的は、短期入院（一年未満）に対しては医療保険で、長期入院（一年以上）に関しては同法律で対応するというもので、医療と介護ケアが連続しているのが特徴です。

このドイツ、オランダという二つの国が日本同様、社会保険方式に基づくのに対して、デンマーク、フィンランド両国は保険料ではなく、租税に基づく公的介護サービスを提供しています。本書では、海外視察をもとに特徴ある福祉先進諸国四か国を選び、その現状を読者の皆様方に知見していただく目的でブックレットとして出版しました。本書が社会福祉を学ぶ学生あるいは社会福祉専門職の皆さんにとって、海外の介護サービス情報提供の水先案内人となれば望外の喜びです。

最後に、本書出版にあたり支援していただいた学文社代表田中千津子氏に感謝する次第です。

成清　美治

二〇一五年七月吉日

もくじ

1 オランダ

（1）オランダの概要

「世界は神が創った。しかし、オランダだけは人が創った。」といわれるとおり、オランダ王国（Kingdom of the Netherlands、以後オランダ）の国土はオランダ人によってつくられてきました。

オランダの国土の四分の一は海面より低くなっています。そのため、これまで数多くの埋め立て、堤防の建設、干拓を行い、一六万ha以上も国土を拡大してきました（その典型が一九三三年に北海とゾイデル海の間に六〇kmの締切堤防を完成させた新たなる干拓計画）。その国土面積は約四一、八六四㎢で九州とほぼ同面積となっています。総人口は一、六七九万人（二〇一三）、人口密度は世界でも高く、約四四八人／㎢（二〇一二）でわが国より高くなっています。首都はアムステルダムで、言語はオランダ語です（国土交通省国土政策局）。なお、人口高齢化率は一五・三％（World Population Prospects, 2010）となっています。

かつて、同国は「オランダ病」といわれる経済的危機をかかえていました。しかし、政府、企業、労働組合が合意（「ボルダー・モデル」）を生み出し、賃金抑制と雇用確保政策のもとで、社会保障や雇用改革を実施し、

ワークシェアリング（仕事を分かち合うこと）により雇用の創出と同時に失業率を低下させ奇跡的に経済的危機を脱却しました。最近では、経済成長率は欧州債務危機もあり、二〇一二年よりマイナスに転じており、失業率もやや高くなっています。

同国は、安楽死（尊厳死）、麻薬・売春の合法化等が容認された世界でも稀な国家であるとともに、伝統的に交易国家としても名高いです。また、移民政策にも積極的で旧植民地からの移民や労働力としての移民を広く受け入れてきたため、多民族化によりさまざまな人種が共存すると同時に多くの宗教が存在し「自由と寛容の国」として有名です。

なお、国家の形態ですが、分権的統一国家を形成し一二の州と四一八（二〇一〇）の基礎自治体から成り立っています。州並びに各基礎自治体は固有の事務を行うと同時に国からの委任事務を行う義務があります。

（2）社会保障制度

オランダの社会保障制度は図表１－１と図表１－２のとおりです。日本の厚生労働省に該当とする官庁は、オランダでは保健・福祉・スポーツ省であり、保健・福祉・スポーツの連携のもとで、予防・生活・スポーツの諸施策を通じて、国民の健康を維持・支援しています。のちに述べる長期医療・介護の保障制度である特別医療費補償制度の給付形態は主として現物給付となっています。

また、雇用・年金・手当等については、図表１－２のとおりで、給付形態は主として現

図表１－１　保健・福祉・スポーツ省

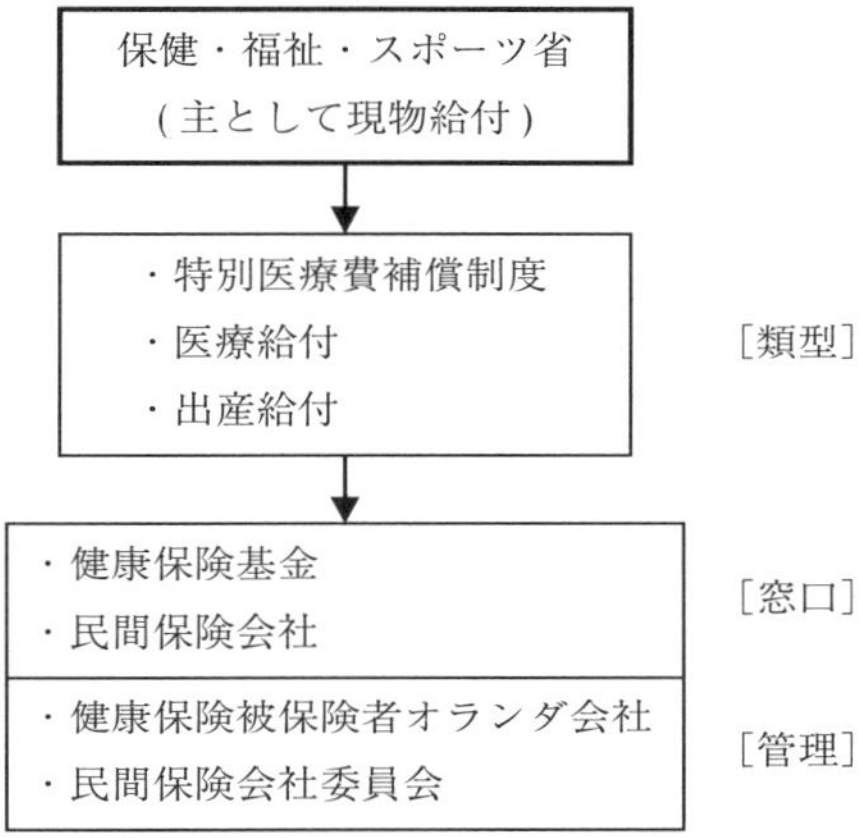

図表１－２　社会・雇用省

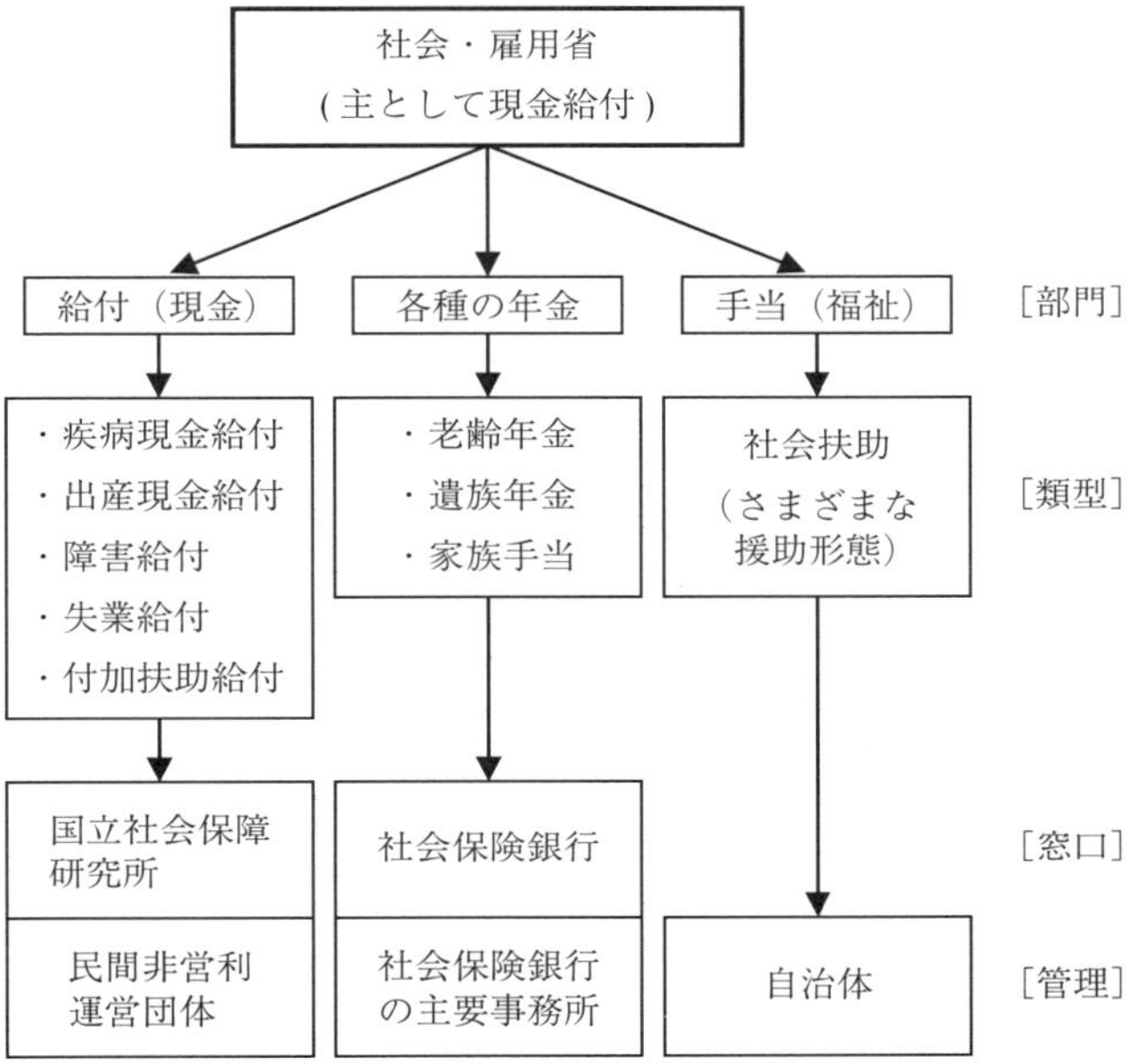

出所）仲村優一・一番ケ瀬康子編集委員会代表『世界の社会福祉― ドイツ，オランダ』旬報社，2000 年，p.329 を参照して作成

図表１－３　オランダの医療保険制度の動向

［2005 年 12 月 31 日以前］
- ①特別医療費保険
- ②健康保険法
  - 被用者のための強制保険（一定の所得以下）
  - 一定所得以上の被用者・自営業者が加入（任意保険）
  - 公務員が加入する公務員保険
- ③補足的民間保険

［2006 年 1 月 1 日以降］
- ①特別医療費保険：長期医療・介護保険で全国民が対象
- ②健康保険法：オランダに居住する者または納税者が加入する強制保険で業務は同法に基づいてオランダの保険会社が行う。
- ③補足的民間保険：民間の保険で，特別な歯科治療，メガネ，高額の医療施設の利用，代替薬品等の使用ができる。

金給付となっています。この二つの省によってオランダ国民の社会保障制度が整備されています。

（3）医療保険制度

オランダの介護保障は医療保険制度に組み入れられています。日本の介護保険に該当するのが特別医療費保険で、「特別医療費補償法」を根拠としており、ＡＷＢＺと呼ばれ、一九六八年より施行されています。

同国の医療保険制度は、給付の増加と人口の高齢化による保険財政の逼迫化、地域におけるサービス提供主体の再編等の理由により、二〇〇六年に制度改革が実施されました。これにより、これまでの医療保険制度の仕組み並びに役割が大幅に変更されました（図表１－３）。

現在、オランダの医療保険制度は、公的あるいは私的保険事業により運営されています。第一の分類としてオランダ国民の全員（オランダ国内に居住している人びと、オランダ国内には居住していないがオランダの企業等に雇用されている人びと、オランダに所得税を納めている人びと、「法」によって保護されている人びと、国内の未成年者等）が加入する特別医療費保険（ＡＷＢＺ）で「特別な病気の費用に関する一般法規」に基づいて法的基盤が整備されています。つまり、この法律のもとでは、ドイツや日本のように医療保険と介護保険が分離独立して法的に整備されているのではなく、医療と「介護」(＝介護サービス)給付が連続しているところにその特徴があります。第二の分類は「健康保険法」(Health Insurance Act)による医療の補償です。この保険はオランダ居住者または納税者が加入する強制保険で、業務は同法に基づいてオランダの保険会社が行います。第三の分類は、補足的保険で、「健康保険法」に含まれない内容が民間保険制度によって補償されるようになっています。たとえば、特別な歯科治療、メガネ、高額の医療施設の利用、代替医薬品の使用等です（図表1－3参照）。このようにオランダの医療保険制度は三つの部門に分類されていますが、その特徴の第一は、介護が医療保険に包括されていることです。第二は国際的見地からみて同国の医療保険が病気や出産のみならず労働災害や業務上の疾病にも適用されるというまれな存在です。

同国の健康保険制度の特徴は、医療と介護の連携です。つまり、オランダの健康保険制度は、短期（原則三六五日以内のサービスに対処）と長期（原則三六五日以上のサービスに対処）の医療保険に区別し、短期は治療、長期では医療・介護・精神疾患等（長期療養）とその役割を分担しています。

このように、短期治療と長期医療・介護が連携することにより、患者の健康を予防、治療、介護の面で効果的に管理しています。具体的には、日本と異なって、治療を要する患者はGP（General Practitioner：家庭医）に出向き治療をうけ、必要があればGPが専門医に紹介するというシステムをとっています。そのため、GPは担当するすべての患者のカ

特別医療費補償法

この法律が制定されたのは一九六七年一二月一四日で、施行は翌年となっています。同法律の目的は、長期入院（一年以上）を要する者に対する制度で(短期入院（一年未満）に対しては、医療保険で対応)、短期入院が主として治療を施すのに対して、長期入院はケア中心となっています。

二〇〇六年に法律改正があり、重度の要介護者に対しては、同制度が従来通り対応しますが、軽度の要介護者に対するサービスは、各自治体が担うことになりました。

ルテ、病歴、投薬歴を管理しているのです。なお、治療サービスとして、①医療サービス、②パラメディカルのサービス、③出産サービス、④医薬品、⑤医療機器、⑥口腔サービス、⑦入院・入所サービス、⑧患者の移送サービス等があります。(1)

また、「社会支援法」が二〇〇七年に成立し、施行されました。同法は、これまでの社会福祉法、特別医療費補償法の一部を統合し、家族介護者やボランティアを支援する新しい法律であり、保健・医療・福祉の統合化をより一層推進することとなりました。(2)

(4) 特別医療費補償法

① 制定の背景と目的

オランダの全国民の長期の医療・介護費を対象とした、「特別医療費補償法」(AWBZ)は一九六七年一二月一四日に制定され、そして、翌年の一月一日より段階的に実施されました。

この法律が導入される契機となったのは、一九六二年の当時の社会国民保健相が国民の医療費全体を負担する保険事業として、この医療保険法案を提示したことです。一九六六年に医療保険基金審議会が設立され、他の団体とともに協議が引き続き行われました。その結果、過大な医療費負担についての費用提供に対する国民皆保険を条件に、法案が議会に提出されることとなりました。その背景を要約すると、①全国民が重病あるいは長期的疾患によって多くのリスクを負うのを軽減するため、②これらのリスクに対し国または他の組織からの援助なしでは国民が生活を維持するのが困難であるため、とすることができます。

このＡＷＢＺは一九六八年より導入されましたが、当初の給付は三種類：①発病後一年を経過した患者の病院ならびに精神病院での専門医による看護と治療、②介護ホームへの収容、③精神障害者のための施設への収容等[3]のみでした。しかし、その後、新しい事業（「給付の拡大」）の導入・展開が図られてきました。一九八〇年代には「健康保険法」によって補償されていた精神医学ケアや援助等が除外され、「特別医療費補償法」の給付に導入されることとなりました。そして、一九九〇年代の初期において給付の拡大がより一層図られ、薬剤サービス、遺伝試験センターでのサービス、リハビリテーション、聴覚センターでの処遇に至るまで給付に含まれることとなりました。ところで、この制度導入の主たる目的は保険の基礎的基盤を形成するところにありました。そのために、一九九四年に三党連立内閣として成立したコック（Kok）内閣はこれまでの保険の基本的概念を放棄することとしました。その理由は拡散する社会に対処するための政治的見解がなにもなかったことによります。つまり、既存の概念を放棄しやすい状況にあったのです。そして、保険が三つのカテゴリーに分類されました。なかでも高齢化社会を控えてケアに対する補償が重視されました。つまり、この制度の究極の狙いはすべてのオランダ国民に手の届く範囲でケアの補償をするシステムの構築にあったのです。なお、この制度の主たる財源は「保険原理」に基づく被保険者の保険料によりますが、一部の支払不能者に対しては「税」

（保険料）が免除されることとなっています（しかしながら、彼等は事業計画から排除されることはありません）。

②同制度の有資格者並びに登録と管理・契約システム

まず、この制度に該当する有資格者についてですが、国家的保険事業である特別医療費補償法（ＡＷＢＺ）が保護する対象は原則として「オランダに居住する人びと」です。つまり、オランダに在住するすべての人びとに国籍と関係なく、同制度が適用されます。そして、適用される年齢層は、日本の介護保険制度が対象を原則六五歳以上としているのとは対照的で、ドイツの介護保険同様、児童から高齢者までと全年齢層となっています。次に登録ですが、原則として一般的な疾病・障害に関しては各人が個別に登録している健康保険が優先的に適用されます。しかし、何らかの理由（長期療養の場合等）で健康保険によって補償されない場合、特別医療費補償法が適用されます。登録は健康保険に加入することが前提条件で、有効期限は一年間となっています。なお、同法に基づくサービスは保険業者が管理・運営していますが、サービスの交付や終結は法律の規定のもとで各民間保険業者が決定することになります。また、法律の実施に伴う管理業務領域とすべての支払いは中央管理事務所（ＣＡＫ）によって管理運営されています。そして、管理業務の一部は保健福祉事務所によって行われています。すなわち、各地の保健福祉事務所は法的条件を満たすすべての団体を代表して「特別医療費補償法」（ＡＷＢＺ）のもとでその業務を

図表1－4　特別医療費補償法（Exceptional Medical Expenses Act）の改正

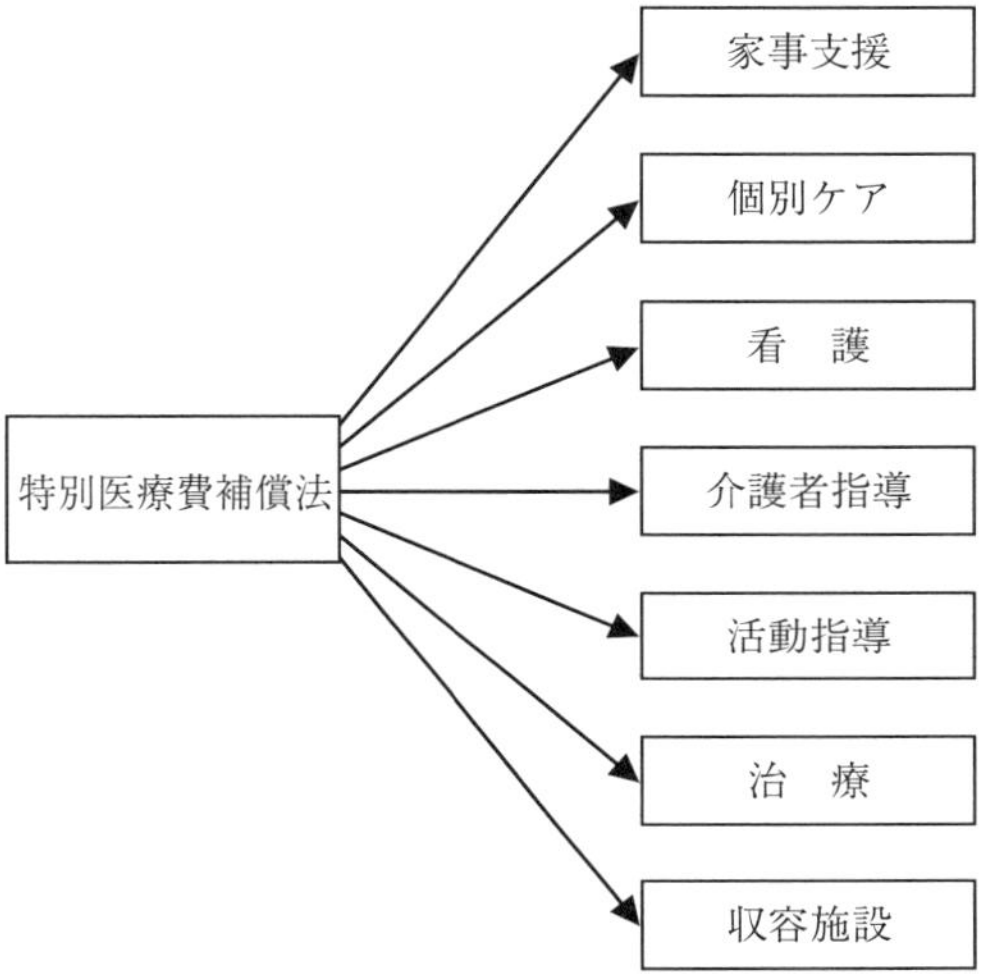

出所）Gerard Dekker MsN RN, "The Health Care System in The Netherlands Introduction and Coming reform", Ministry of Health, Welfare and Sport. より筆者訳出

遂行しているのです。また、各々の保健福祉事務所は各保険業者からデータを受け取り、月毎に各地域における事業体の登録の管理を行っています。

最後に契約システムですが、これは保険会社とケア提供業者との契約システムに基づいています。ケアサービス体系は現金あるいは現物の給付となっており、医療・保健サービスの一環として一定の割合と期間に応じて提供されます。保険会社（または、保健管理事務所）はケア提供会社と契約を締結します。その財源については健康保険基金と協定が結ばれています。なお、保険自身の財源は保険料（被用者の場合は雇用主負担有り、非被用者の場合は自己負担のみ）＋自己負担＋国庫補助となっており、一五歳未満の被保険者は拠出義務はなしとなっています。

③ケアサービスの内容

オランダは少子・高齢社会のもとで、国民医療費の対ＧＤＰは上昇傾向にあり、特別医療費補償制度は財政的に逼迫しており、医療制度改革を迫られていました。そこで同国は医療保険制度改革（二〇〇六年一月実施）を断行するに至りましたが、その内容は次のとおりです。①健康保険の一本化、②新たな健康保険は民間の保険会社が管理運営する、③介護給付の対象を重度の要介護者に限定し、軽度の要介護者の給付は各自治体が新たな事業として行う、また、④従来のケアサービス（特別養護老人ホーム、老人ホーム、在宅ケア等）を、家事支援、個別ケア、看護、その他の支援指導、活動のための指導、治療、施設サービスとすることとなりました（図表1－4）。

（5）今後のオランダの介護保障の課題

オランダの社会保障制度は、社会保険方式を採用しており、財源は保険料＋事業主負担＋国庫負担＋自己負担によって賄われています。

二〇〇六年の医療保険制度の改革の狙いは保険財政基盤の安定化にあります。今後、高齢化の進展が予測されるなかで、わが国と同じく介護サービスの質の維持と保険財政の安定化という課題を抱えています。今回の改正により健康保険の民営化、軽度の要介護者に対する介護サービスを各自治体へ移譲することになりました。このことは、日本が取るべき介護保険制度の指針の参考となっているようです。ちなみに、わが国でも各自治体に軽度の要介護者のサービスを移譲することは二〇一四年六月に成立した「地域医療・介護推進法」のなかに明記されています。

人口の高齢化は保険財政への圧迫、サービスの質の維持、自己負担の増加等の課題をオランダにも与えています。社会保障制度の財源を社会保険方式に依拠しているオランダの動向は、現在、社会保障制度の改革（社会保険中心）を推進しているわが国において、注視すべきことであると考えます。歴史的に自由・平等・合理主義の思想を旗印に国家が存立してきたオランダでありますが、今後どのように社会保障制度を維持・継続していくのか、その動向を注視しなければなりません。

注

（1）大森正博「オランダにおける医療と介護の機能分担と連携」『海外社会保障研究』No.一五六 Ａｕｔｕｍｎ、二〇〇六年、八〇ページ

（2）成清美治「オランダ」糸川嘉則総編集、交野好子・成清美治・西尾祐吾編『看護・介護・福祉の百科事典』朝倉書店、二〇〇八年、四五六－四五七ページ

（3）足立正樹編著『各国の介護保障』法律文化社、一九九八年、四九ページ

参考文献

成清美治「オランダにおける医療保障制度と介護保障の現状と課題」『社会福祉学研究』第四号、神戸女子大学、二〇〇〇年

成清美治「介護保険制度の現状と諸課題―オランダ・ドイツの介護保険制度との比較研究」『神戸親和女子大学大学院研究紀要』第七巻、二〇一一年

成清美治『ケアワーク入門』学文社、二〇〇九年

仲村優一・一番ケ瀬康子編集委員会代表『世界の社会福祉―ドイツ・オランダ』旬報社、二〇〇〇年
Gerard Dekker MsN RN, "The Health Care System in The Netherlands Introduction and coming reform", Ministry of Health, Welfare and Sport.（東京都医師会・オランダ王国大使館・朝日新聞社「オランダ専門家フォーラム」二〇〇五年一一月六日資料）

(1) ドイツの概要

ドイツ連邦共和国(Federal Republic of Germany、以後、ドイツ)は総人口八、〇五二万人(二〇一二年末)、人口密度は二二九人/㎢(二〇一二)で、国土面積は三五・七万㎢、日本の約九四%となっています。EU(欧州連合:現在加盟国二八か国)諸国のなかで経済・政治の中心国のひとつです。なお、GDP成長率は〇・四%(二〇一三)で(国土交通省国土政策局)、首都はベルリンです。なお、人口高齢化率(全人口に占める六五歳以上の割合)は日本同様高く二〇・四%(World Population Prospects, 2010)となっています。

ドイツの社会保障制度は社会保険中心となっていますが、世界で最初に社会保険を創設したのは同国です。当時のドイツ帝国の宰相ビスマルク(Bismarck, O.)が労働政策の一環として一八八三年に「疾病保険法」、一八八四年に「災害保険法」、一八八九年に「養老及び疾病保険法」を制定しました。その後、同国は社会保険を中心とした社会保障制度を構築してきました。ドイツの社会保障の理念は「すべての人々のための豊かさ、社会正義」となっています。この理念は第二次世界大戦敗戦国としての経験を生かして、一九五〇年代の後半に国家の目標と

図表２－１　ドイツ連邦政府が定めた介護に関する手続き

① 事前医療指示書：万が一自分で意思表示ができない場合に備えて，治療や医療処置について予め指示をしておくための書類
⇩
② 任意代理委任：万一の場合に備えて，自分で選んだ人に代理委任（経済活動，医療行為，居住地等）をしておくもので，委任範囲も本人が決めておく
⇩
③ 後見依頼契約：② 以外に前もって後見依頼契約をしておき，その人が後見人になることができる。この場合，裁判所は法廷後見人を指名することなく，また特殊な場合を除いて監査もなし

出所）在ドイツ日本大使館「ドイツにおける介護システム等について」2014 年 5 月

して掲げられました。同国は日本同様高齢化が進展しており、早くから高齢者問題に取り組んできました。そして、ドイツでは五番目の社会保険として、一九九四年に介護保険法が成立し、在宅給付と施設給付が順次開始されました。この介護保険制度は今日のわが国の介護保険創設にあたって多大な影響を与えました。

(2) 介護保険制度の成立背景と手続き

ドイツに介護保険制度がスタートしたのは一九九五年で同年の四月一日より在宅給付が、翌年の七月一日より施設給付が開始されました。同国は介護保険制度創設に至るまで、約二〇年間議論を重ねましたが、租税方式は国家財政を圧迫し、民間保険方式は運用上の問題が多かったため、結果として伝統的な社会保険方式を採用しました。

高齢化に関する国際的動向をみると、一九五六（昭和三一）年に国際連合経済社会理事会報告書において高齢化率七％以上に対して「高齢化した（aged）」（老年の国）と初めて表現されました。つづいて、一九八二（昭和五七）年の国際連合第三三回総会において「高齢化に関する国際行動計画」が採択、決議されその取り組みが国際的に開始されることになりました。

ここで、ドイツ介護保険法の成立の背景の要因をあげると次のようになります。

① 高齢化社会の到来による介護ニーズが増大していたこと、② 社会扶助（公的

ドイツ介護保険

介護保険の財源は①保険料、②連邦政府の補助金、③その他の収入等となっていますが、原則保険料収入で賄っています。なお、給付は現物給付と現金給付あるいは混合給付とに分かれており、選択者は要介護者となっています。なお、ドイツの介護保険は日本の介護保険創設に多大なる影響を与えました。

扶助）の支出を抑制することによって各自治体の財政悪化を防止すること、③介護サービスが疾病保険と社会扶助の分離したサービスの統合化を図ることができること、④増大する老人医療費を抑制すること、等を指摘することができます。そして、同国の保険制度の目的は要介護者あるいは家族に対する介護サービスの社会的提供ですが、その支援はあくまでも「部分的支援」であり、「在宅介護優先」となっています。介護保険の原則は本人の意思、希望を重視し、書類を基本とする「契約社会」方式です。この点に関しては、本人だけでなく家族・親戚も発言権を有するわが国の現状とは異なります。

（3）ドイツの介護保険の内容

ドイツ介護保険法の一般原則は以下のようになっています。①自己決定の原則、②在宅介護優先の原則、③予防とリハビリテーションの原則、④自己責任の原則、⑤介護保険組合の啓蒙・相談活動の原則、⑥各州・各市町村の共同責任の原則等です。つまり、介護保険法は要介護者の介護ニーズに対する社会的介護サービスですが、自己決定を尊重し、保健原理を原則とした在宅介護サービス重視の社会保険制度となっています。その概要は以下のとおりです。

介護保険の運営は八つの疾病金庫（地域疾病金庫、職員補充疾病金庫、企業疾病金庫、同業疾病金庫、連邦鉱山従業者組合、農業疾病金庫、労働者補充金庫、海員疾病金庫）等の金庫によって行われていて、要介護の認定は原則ＭＤＫ（医療サービス機構）に所属す

図表2－2　ドイツ介護保険制度の概要

項　目	内　　　容
原　則	① 介護保険は疾病保険に従属する　② 被保険者は協力と自己責任を負う
運　営	運営は，8つの疾病金庫が行う
被保険者	① 公的健康保険の加入義務者　② 民間健康保険の加入義務者 ③ 家族保険の被保険者　④ 継続保険が可能な者
財　源	財源は保険料であるが，原則労使折半とする。ただし，年金生活者は本人と年金側で折半する。また，失業者の場合は全額雇用事務所が支払う
介護給付	① 在宅給付は1995年4月1日から，② 施設給付は1996年7月1日開始となっている。なお，給付に関しては現金給付と現物給付に分かれており，被保険者はどちらかを選択することができる。また，両者の組み合わせも可能である
ケアマネジメント	2008年の介護保険法の改正により導入される。この導入により，介護支援拠点を設置し介護に関する相談やサービスを包括的に提供する仕組みがつくられた

る医師・介護専門職（看護師）によって判定が下されます。なお、介護保険の財源は保険料と連邦政府の補助金、その他の収入となっていて、日本のように税金は基本的に投入されておらず、原則保険料で賄うことになっています。

また、ドイツの介護保険の申請は被保険者が自分の所属する疾病金庫（介護金庫）に給付申請をしますが、書類審査・資格審査等がありますｍ。それに基づいて給付該当者にたいして、ＭＤＫに所属する医師等が、申請者（要介護者）の居宅等を訪問し、要介護調査の結果を作成し、被保険者に通知します（通知は申請してから平均六週間となっています）（図表２－２参照）。

（４）介護保険給付内容と介護保険財政

ドイツ介護保険制度実施後の給付状況について説明します。既述したように、同国の介護保険制度は一九九五年四月一日より在宅給付が、翌年の七月一日より施設給付が開始されました。まず、給付ですが、介護サービススタート時は、要介護度１（在宅：七五〇現物マルク・現金四〇〇マルク、施設：二、〇〇〇マルク）、要介護度２（在宅：一、八〇〇マルク・現金八〇〇マルク、施設：二、五〇〇マルク）、

図表２－３　主な介護保険給付一覧

		要介護度０	要介護度Ⅰ	要介護度Ⅱ	要介護度Ⅲ
在宅介護	サービス給付（限度額）（月額）（€）	— （日常生活能力が著しく制限されている場合） 225	450 （日常生活能力が著しく制限されている場合） 665	1,100 （日常生活能力が著しく制限されている場合） 1,250	1,550 （特に過酷な場合） 1,918
	介護手当（月額）（€）	— （日常生活能力が著しく制限されている場合） 120	235 （日常生活能力が著しく制限されている場合） 305	440 （日常生活能力が著しく制限されている場合） 525	700
代替介護（年間４週間まで）（限度額）（€）	近親者による	— （日常生活能力が著しく制限されている場合） 120	235 （日常生活能力が著しく制限されている場合） 305	440 （日常生活能力が著しく制限されている場合） 525	700
	その他の者による	1,550			
ショートステイ（年間４週間まで）（限度額）（€）		—	1,550		
デイケア・ナイトケア（限度額）（月額）（€）		—	450	1,100	1,550
追加的な世話給付	基本額	100			
	引上げられた額	200			
居住共同体に居住する要介護者に対する追加給付（月額）（€）		—	200		
完全入所介護	（月額）（€）	—	1,023	1,279	1,550 （特に過酷な場合） 1,918

注：1)「日常生活能力が著しく制限されている場合」の例として，主に認知症が挙げられる。
　　2)「近親者」には家族，親類のみならず，隣人，友人も含まれる。
資料）BMG（2013e）
出所）森周子「メルケル政権下の介護保険制度改革の動向」『海外社会保障研究』Spring，2014，No.186，p.29

要介護度３（在宅：現物二、八〇〇マルク・現金一、三〇〇マルク、施設：二、八〇〇マルク）でした（一九九五年当時一マルクは約六九円）。介護保険の給付開始当初、在宅サービスに対する不安も手伝って、現金給付が給付対象者の八〇％を占め、現物給付は二〇％でした。現金給付が多数の割合を占めた理由として、①専門的介護サービスの質・量ともに一定化していなかったため、国は家族介護に対する対価（代償）として、現金支払を認め

図表２－４　給付費の推移

（単位：10億€）

	1995	1996	1997	1998	1999	2000	2001	2002	2003
収入	8.41	12.04	15.94	16.00	16.32	16.54	16.81	16.98	16.86
支出	4.97	10.86	15.14	15.88	16.35	16.67	16.87	17.36	17.56
収入・支出	3.44	1.18	0.80	0.13	－0.03	－0.13	－0.06	－0.38	－0.69
積立金	2.87	4.05	4.86	4.99	4.95	4.82	4.76	4.93	4.24

	2004	2005	2006	2007	2008	2009	2010	2011	2012
収入	16.87	17.49	18.49	18.02	19.77	21.31	21.78	22.24	23.04
支出	17.69	17.86	18.03	18.34	19.14	20.33	21.45	21.92	22.94
収入・支出	－0.82	－0.36	0.45	－0.32	0.63	0.99	0.34	0.31	0.10
積立金	3.42	3.05	3.50	3.18	3.81	4.80	5.13	5.45	5.55

資料）BMG（2013b）
出所）図表２－３に同じ

たので、要介護者・家族は現金給付を選択したこと、②家族介護の場合、介護中の事故に対して公的障害保険が適用されたこと、③家族等が要介護高齢者の介護期間中も年金の被保険者加入期間として認められたこと等をあげることができます。現在の介護保険給付は図表２－３のとおりですが、スタート時と違い、給付内容が大きく異なっています。それは二〇一二年に成立した「介護保険の新たな調整のための法律」が二〇一三年一月に施行されたことにあります。同法の主たる目的は、①認知症患者に対する支援の拡充、②在宅介護の強化にあります。二〇〇七年一〇月「介護保険継続発展法」が成立、二〇〇八年七月に施行されました。同法において、「要介護度０」（給付対象外）が設定されましたが、二〇一二年の改正において介護給付として、月額一二〇ユーロ（現金給付）または二五二ユーロ（現物給付）が支払われることになりました（二〇一四年七月現在一ユーロ＝約一三八円）[1]。

次に一九九五年から二〇一二年までの給付費の推移をみると次のようになっています（図表２－４参照）。一九九五年の支出（介護給付）が収入（保険料）に対して少ないのは、同年の給付が在宅給付（一九九四年四月開始）のみであったからです（施設給付は翌年の一九九五年七月一日より開始されました)。これ以降、収入と支出の差額は僅少となりバランスが取れたものとなっていきました。しかし、一九九九年以降収支がマイナスとなり、二〇〇六年を除いてこの傾向が二〇〇七年まで続きます。こうした財政赤字の原因として要介護高齢者の増加が考えられますが、赤字基調の保険財政を克服するため二〇〇八年八月以降保険料が引き上げられましたが、経済的堅調も手伝って、二〇〇八年以降は黒字に転化し、積立金も二〇一二年時点で五五・五億ユーロとなっています。

このようにドイツ介護保険の財政状況は黒字路線を歩んでいますが、全収入が保険料となっているため、収入と支出とのバランスが常に必要となります。ドイツの介護保険サービスは日本と異なって給付範囲が狭く(要介護度0、1、2、3)、サービスの給付限度額も低くなっています。[2] これらの要因も黒字財政に寄与していると思われます。

今後の人口の高齢化並びに保険財政の安定化を図るため、既述したとおり、二〇〇八年八月に保険料が〇・二五%引き上げられました。そして、二〇一三年一月には再度〇・一%引き上げられました。これは賃金の二・〇五%(負担割合は、被保険者一・〇二五%、事業主一・〇二五%)となっています。今後の高齢化率は二〇三〇年で二九%に達すると見込まれています(厚生労働省「二〇一三年の海外情勢」より)。二〇〇八年、二〇一二の年の介護保険法の改正により、在宅介護給付の段階的引き上げ、認知症患者の給付改善、介護サービスの質の向上、居住共同体への助成(要介護者の居住共同体への居住の促進に伴う支給:一人当たり二〇〇ユーロを追加支給)等の改善策が実施されましたが、それによる介護保険財政の悪化が懸念されます。

（5）今後のドイツ介護保険制度の課題

日本は、介護保険制度創設にあたり、ドイツの介護保険制度から多大なる影響を受けました。その最も顕著な点は、財源を社会保険方式に倣ったことでした。しかし、既に述べましたようにドイツが介護保険方式を採用するに当たって二〇年近く国内で議論されたのはあまりにも有名な話です。

日本同様ドイツは、世界で最も高齢化率が高い国で、ともに情報交換が重要となります。今後、ドイツの介護保険制度が抱える課題ですが、最も大切なことは介護マンパワーの確保です。この問題はドイツ、日本ともに慢性的な人材不足に陥っています。その原因の最大の要因は、介護職の①低賃金、②社会的低評価、③労働内容、④専門性の欠如等となっています。これらの問題を解決しない限り、介護の質の向上は望めません。なかでも、①低賃金と②社会的低評価対策は介護労働力不足解消の緊急課題です。これまでドイツでは介護現場に中近東の安価な労働力を送ってきましたが、根本的な解決には至らずかえって労働者間の格差を招来しました（かつて著者がドイツの高齢者介護施設を視察した際、管理職にドイツ人、介護・介助、あるいは洗濯・調理の現場には中近東の移民を配置していた施設がありました）。

ドイツでの介護労働者確保は、日本にとっても学ぶべき点は多々あると思われます。今後のドイツにおける介護労働者確保の施策に注目したく思います。

なお、ドイツにおける介護の担い手である老人介護士（Altenpfleger）は、「高齢者看護の職業に関する法律」（二〇〇〇年）の成立により、医療職として見なされることになりました。そして、「老人介護の職業に関する法律」（二〇〇三年）の成立によって、国家資格として制度化されることになりました。

注

（1）小梛治宣「ドイツ介護保険改革の現状と課題」『週刊社会保障』法研、二〇一三年、№二七四一、九月二日号、五〇－五五ページ

（2）森周子「メルケル政権下の介護保険制度改革の動向」『海外社会保障研究』Ｓｐｒｉｎｇ、二〇一四年、№一八六、二九ページ

参考文献

成清美治『ケアワーク入門』学文社、二〇〇九年

成清美治「介護保険制度の現状と諸課題―オランダ・ドイツの介護保険制度との比較研究」『神戸親和女子大学大学院研究紀要』神戸親和女子大学、二〇一一年

成清美治「ドイツの医療介護」住居広士編『医療介護とは何か』金原出版、二〇〇四年

成清美治「海外の介護事情―ドイツ」糸川嘉則総編集、交野好子・成清美治・西尾祐吾編集『看護・介護・福祉の百科事典』朝倉書店、二〇〇八年、四五五ページ

仲村優一・一番ケ瀬康子編集代表『世界の社会福祉―ドイツ・オランダ』旬報社、二〇〇〇年

3 デンマーク

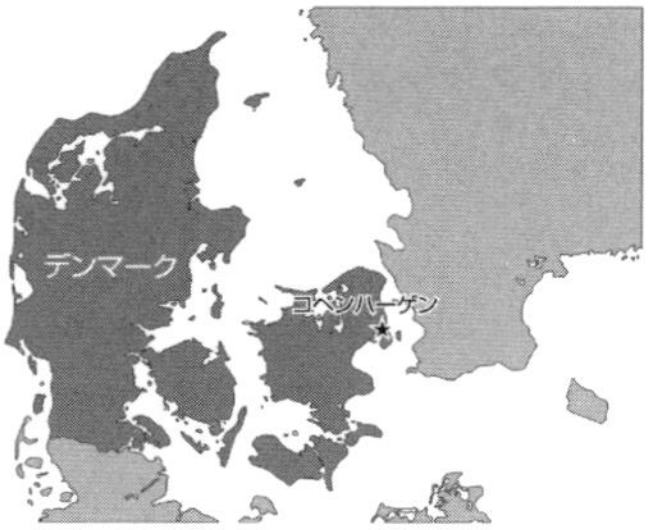

(1) デンマークの概要

デンマーク王国（Kingdom of Denmark、以後デンマーク）の本土は、ヨーロッパ大陸と陸続きのユトランド半島と首都コペンハーゲンのあるシェラン島とフュン島といった大小四四三の島からなっています。本土の面積は約四万三千㎢（九州とほぼ同じ）、総人口は約五六〇万人（二〇一三、兵庫県とほぼ同じ）、人口密度は、約一三〇人／㎢となっています。それに世界最大の島グリーンランドが自治領として存在します。国土は平坦で最高地でも標高一七三ｍで、国土の九〇％が農地として利用できます。また、緯度はデンマークの最北端で北緯五八度となっており、北海道より北に位置します。しかし、気候はカリブ海からの暖流（北大西洋海流）により真冬でもマイナス二度程度であり、最も暑い七月でも平均一七～一八度となっています（国土交通省国土政策局）。なお、人口高齢化率は一六・五％（World Population Prospects, 2010）となっています。

産業別就業人口比率は、国土の五三％は農地にもかかわらず、酪農の機械化、後継者問題もあり、第一次産業従事者は僅か二・六％となっています。しかし、食糧自給率は約三〇〇％となっており、農産物の輸出が盛んです。第一次産業従事者に比較して、第二次産業二〇・三％、第三次産業七七・一％となっています。

図表３－１　世界の社会保障の類型

形態	特　徴	国名
普遍主義型（公共型）	租税中心・全住民対象	北欧諸国
社会保険型（相互扶助）	社会保険中心・所得比例給付	ドイツ・オランダ・フランス等
租税・保険型（公共・連帯）	基礎的給付は租税・その他保険財政重視	イギリス・ニュージーランド等
市場原理型	民間保険・ボランティア	アメリカ

・オランダの社会保障の組織：保健・福祉・スポーツ省と社会・雇用省
・デンマークの高齢者福祉３原則（1982）：①「生活の継続性」の尊重，②高齢者の「自己決定権」の尊重，③高齢者の「残存能力の活用」
・スウェーデンの「エーデル改革」（1992）：医療と福祉の統合
・ニュージーランドの「保健・障害者サービスに関する消費者の諸権利（10項目）」の設定（1996）

主たる産業は流通、運輸、製造、不動産、ビジネスサービスで、文化・産業・芸術として、アンデルセン童話、風力発電の風車、北欧デザイン（特にヤコブセンが有名）、玩具のレゴ、医薬品（インスリン等）、福祉機器等が著名です。

デンマークは「世界一幸せな国」として各国際的調査（二〇〇七年のケンブリッジ大学調査、二〇〇八年アメリカ・ワールド・バリュー・サーベイ調査、二〇一三年国連調査）であげられ、自国民もこのことを認めています。その要因として、①民主主義（自由・平等・連帯）の確立社会であること、②社会保障・社会福祉政策の推進が顕著であること（普遍主義型社会保障＝すべての国民が対象）、③地方分権が確立していること、④女性の社会進出が顕著であること（女性の就業率は九〇％以上）、⑤男女平等社会であること（男女間の賃金格差がみられない）、⑥特徴ある教育政策（教育の目標は民主主義を学ぶこと、学費は原則大学まで無料）等をあげることができます。

(2) デンマークの三賢人

デンマーク社会の基盤（＝民主主義の三要素）は、「自由」（＝自己決定）、「平等」（＝言論の自由）と「博愛」（＝連帯）です。同国がこれまでの社会福祉国家建設にあたって思想的に影響をうけた三賢人について触れます。

まず、国民高等学校（フォルケホイスコーレ）を創設し、同国国民に「近代精神の父」として現在も敬愛されているグルンドヴィ（Grundtvig, N. F. S.）についてふれます。彼はキリスト教を通じて農民の解放を訴え、抑圧されてきた貧しい農民の結束を促し、彼らを人間の自由と尊厳のために立ち上がらせました。この運動を通じてグルンドヴィは、民主主義の在り方を国民に問いました。彼は、農民の自由化運動の経緯からデンマーク人として誇れる精神教育の必要性を痛感して、国民高等学校創設に努力したのでした。グルンドヴィが、ドイツとのスレースヴィ戦争（第一次：一八四八－一八五〇、第二次：一八六四）に破れた国民を奮起させ、「個人の自立」と「民主主義」の重要性を説いたことが、今日の社会福祉国家の基盤となりました。

次に、デンマークの実存主義者キルケゴール（Kierkegaard, S.）と同国の福祉思想形成との関連性について述べます。彼の実存主義思想は、宗教的体験に基づいたもので、ヘーゲル哲学（観念哲学）を批判するところから成り立っています。彼は、ヘーゲルの精神的（＝理性的）なものだけが現実的であるという考え方に反対し信仰絶対主義の立場に立ちました。そして、個々の存在こそ現実であり最も大切なものは個人の主体性であり、自らの選択により、自己が形成されるとしています。すなわち、実存とは、自分が己の存在を自覚し、その存在の在り方を自己決定することです。この「自己決定」が存在することによって福祉サービス対象者が「自らの生き方」を選択することが可能となります。彼の思想が、デンマークの「高齢者福祉の三原則」（一九八二）の創設に多大なる影響を与えたと思われます。なお、彼の主著は『死に至る病』です。

最後は、アンデルセン（Andersen, H. C.）です。彼は世界的に著名な童話作家であり劇作家でもありますが、彼が活躍した時代はデンマークも貧しく、その題材は貧困を扱った作品が多く存在します。彼自身、当時の階級社会で、身分の問題で随分辛苦を舐めました。つまり、この時代は、家柄・名誉・財産等によって人間関係が異なったのです。たとえば、親称（du＝きみ、おまえ）と敬称（De＝あなた）についての問題が存在していました。下層階級出身である彼は、幾度となく、上流階級の若年者から交流関係を断られました。このことを扱った作品に『O・T』があります。

彼の童話にも階級社会を扱った作品が数多くみられます。その代表的作品が『マッチ売りの少女』です。この物語はあまりにも有名であり世界各国で翻訳されています。主人公が厳寒のなかで聖夜に死ぬ瞬間を、自分（＝極貧階級）と対極に存在する富裕階級に対する羨望を「マッチ」の炎を介して描いています。そこには、当時の階級社会の実態が克明に描かれています。アンデルセンが階級（＝貧困）を題材として扱った理由は、彼自身が下層階級の出身であることも関係していますが、彼の意図するところは、当時の階級社会からの脱皮でありました。この彼の思想（＝想い）が童話・小説を介して国民の間に広く浸透し、今日の社会福祉国家建設の礎になりました。以上、三賢人について検討してきましたが、彼らが生存していた頃のデンマークは、諸外国との戦争により、多くの国民の生活が疲弊していました。彼らは、三者三様の理想的な未来社会を描きました。その手段・手法は異なりますが、彼らの共通理念は民主主義を基盤とした豊かな社会（＝社会福祉国家）であろうと思われます。

(3) デンマークの福祉の特徴

デンマークの社会福祉は他の北欧諸国（スウェーデン、ノルウェー、フィンランド等）同様、かつて貧困問題・貧困救済が国家の命題でありました。また、貧困階層の中心であった農民の生活は、地形的、気候的にも農作物の収穫に恵まれない状況下で、貴族あるいは上流階級を富ます状況にはなかったのです。そのことが民主主義国家建設において好都合でした。

こうしたなかで、生活向上を目的とした国家と地方自治体の市民生活への介入は容易でした。デンマークはじめ北欧諸国の「福祉」は特定の対象への社会福祉ではなく、市民の社会生活全体を網羅した社会サービスとして発展しました。

社会サービス＝福祉は、普遍主義のもとで地方自治を中心に住民のニーズを汲み上げながら展開されました。具体的な社会ケアサービスとして、高齢者、児童、障害者、教育等があげられます。特に育児サービスは、結果的に世界で高水準の女性の就業率と高い合計特殊出生率を生み出し、デンマークのＧＤＰの成長率に寄与しています。これに対して、日本は女性の就業率並びに合計特殊出生率ともに先進諸国のなかで、低水準に甘んじてい

図表３－２　デンマークの経済・社会の特徴

高い所得水準と国際競争力

・米ドル換算の一人当たり GDP は５万６千ドル（世界６位，2012 年）
・世界トップクラスの産業・ICT 競争力（各種のランキングで高い評価）
・食料，エネルギーの輸出国

幸福度世界１位の高福祉国家

・医療費，教育費は無料
・24 時間在宅ケアに基づく福祉サービス
・幸福度ランキング世界１位
・国民負担率は約７割

国民の能力を活用・向上する仕組み

・国際的にみて高い教育への公的支出
・職業を意識した学校教育
・技能習得によるステップアップの仕組み
・手厚い育児支援と高い女性の労働参加

出典）各種資料により作成。

各種指標によるデンマークと日本の比較

	デンマーク	日本
人口（2012 年）	558 万人	12,752 万人
面積（2012 年）	4.3 万 km²	37.8 万 km²
GDP（IMF，2012 年）	3,150 億ドル	59,600 億ドル
一人当たり GDP（IMF，2012 年）	56,400 ドル	46,700 ドル
国際競争力指標（IMD，2013 年）	12 位	24 位
ICT 競争力指標（WEF，2013 年）	8 位	21 位
ビジネス指標（世銀，2014 年）	5 位	27 位
幸福度指標（国連，2013 年）	1 位	43 位
国民負担率（財務省，2011 年）	67.7%	39.8%
合計特殊出生率（2012 年）	1.73	1.41
高齢者（65 歳以上）比率（2012 年）	17.3%	24.1%
女性（15-64 歳）の労働参加率（OECD，2012 年）	75.8%	63.4%
学校教育費（公財政支出）の GDP 比（2009 年）	7.5%	3.6%

出所）国土交通省国土政策局「デンマークの経済社会について」2014 年４月

ます。

そこで、各種指標によりデンマークと日本を比較すると図表３－２のようになります。

北欧モデルが内包する中核的理念は普遍性、平等性であり、北欧モデルによる政策目標は経済的、社会的な平等の実現です。なお、経済的、社会的平等の達成においては自由権、政治的市民権、社会的市民権の果たす役割は重要で民主主義の基盤となっています[1]。

（４）地方分権と高齢者福祉

デンマークの社会サービス（教育・福祉・医療等）の財源と権限は地方分権政策のもとで、コムーネ（以後、市）に委ねられています。日本と異なって基本的に租税方式となっています。そのため高齢者介護において、日本の介護保険制度のように在宅介護サービスを「時間」で制限することはありません。基本的に介護サービス利用者の介護必要度に応じて異なります。

デンマークの高齢者福祉政策では、かつて孤独で身寄りのない高齢者を救貧院に収容していました。しかし、一八六七年に救貧院は廃止されました。その後、「高齢者扶助法」（一八九一）が制定され、法的に高齢者の救済が始まりました。そして、養老院（一九〇一）が創設されました。一九五二年には養老院のガイドラインが設定されましたが、そのポイントは、①一施設での入所者数は二〇人、②部屋は個室で面積は一一㎡（一二㎡が望ましい）、③洗面台を各部屋に設置する、④トイレは同性の老人一〇人に対してひとつ、バスタブは二〇人にひとつを設置する[2]、というものでした。このように当時からすでにデンマークでは基本的に高齢者施設の部屋は個室という人権の尊厳を重視したものとなっていました。一九七九年には社会省が高齢者委員会を設置しました。同委員会は高齢者福祉を推進するため高齢者基本政策の一環として「高齢者福祉三原則」（一九八二）を提示しました。

その後、高齢者施設は養老院から介護付高齢者施設（プライエム）へ移行しました。さらに、「高齢者住宅法」（一九八七）（現在は公営住宅法）が制定されました。そして、「社会支援法」改正により一九八八年以降プライエムと保護住宅の新規の建設が禁止となり、新たに登場したのが高齢者住宅でした。この高齢者住宅は、①介護型住宅（プライエボーリ）と、②高齢者住宅（エルダーボーリ）に分類されました（図表３－３参照）。

高齢者住宅では「自立」の精神を前提とした高齢者が安心・安全の住環境のなかで快適

高齢者福祉三原則

デンマークでは、高齢者福祉政策の基本原則として有名な高齢者福祉三原則（一九八二）が存在します。この原則は、①生活の継続性の尊重：高齢者が営んできた生活の継続を尊重すること、②高齢者の自己決定の尊重：高齢者の生活全般に関わる事柄は高齢者の自己決定を尊重すべきである。ただし、高齢者が自己決定したことは責任を負わねばならないこと、③高齢者の残存能力の尊重：高齢者に対してすべてを援助するのではなく、本人の残存機能を生かして自助に至るようにすること、等となっています。

図表３－３　デンマークにおける高齢者施設・住宅の変遷

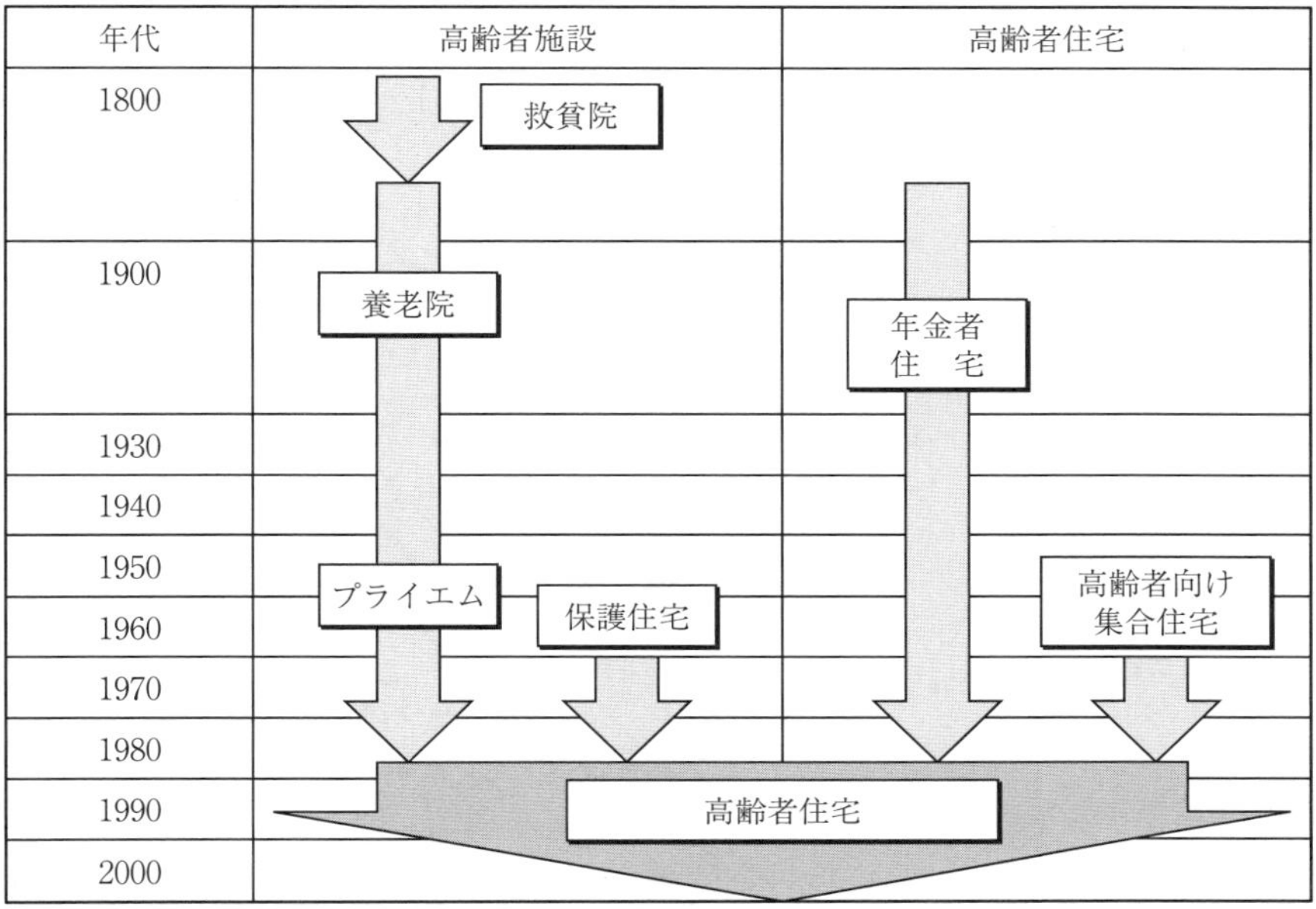

出所）松岡洋子『デンマークの高齢者福祉と地域居住』新評論，2005 年，pp.22－23

な日々を送っています。なお、在宅介護サービスは市の高齢者福祉センター（ホームヘルプサービスや訪問看護サービス等）を担っています。ただし、現在各市では今後の高齢化の進展、認知症高齢者の増加あるいは各市の緊縮財政を考慮して、民間ケアサービス業者の導入、市職員の削減、高齢者住宅の削減・建設中止等の策を講じて、二四時間在宅ケアに焦点を当てた施策を重点的に推進しようとしています。

　介護型住宅の設置基準は、①職員の介護サービスの機能が付いていること、②一人当たりの居住面積は六五㎡が基準であること、③援助が必要な高齢者であること、④各戸にシャワー、トイレ、台所、等が完備されていること、⑤バリアフリーであること、⑥援助者が常駐していること、等となっています。[3] このように、デンマークの高齢者住宅は「自立」の精神を前提とし、高齢者が安心・安全の住環境のなかで快適な生活

図表３－４　地域包括ケア

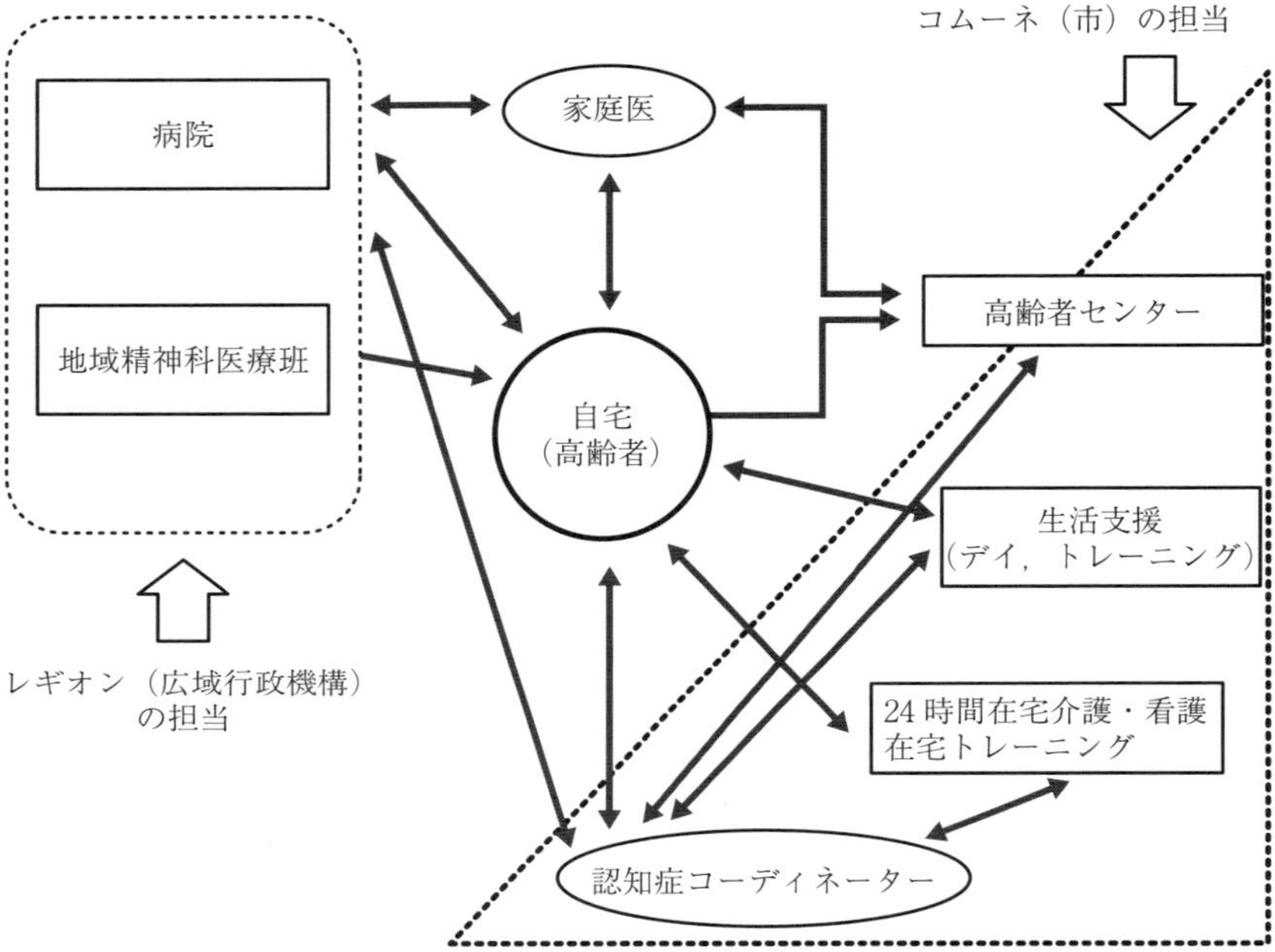

出所）銭本隆行「安心して暮らせるデンマークの福祉」（資料）を参照して作成

を送っています。ちなみに、日本のサービス付高齢者向け住宅での居住面積基準は原則二五㎡となっています。

なお、デンマークの社会ケアサービス（教育・福祉）は市が責任をもって実施しています。具体的には各市における高齢者、障害者等は「高齢者センター」が、各市民の健康は「家庭医」（一人の家庭医が一、五〇〇人から一、八〇〇人の契約者を抱えている）を拠点に行政と一般病院・精神科病院との連携にて、また、生活支援等すべての市民の生活問題については、市に配属されているコーディネーター（ソーシャルワーカー）がまとめ役として全問題を把握する役割を担っています（図表３－４参照）。

（５）社会保健介護士養成の特徴

この節では、デンマークの教育制度におけ

図表３－５　デンマークの教育制度

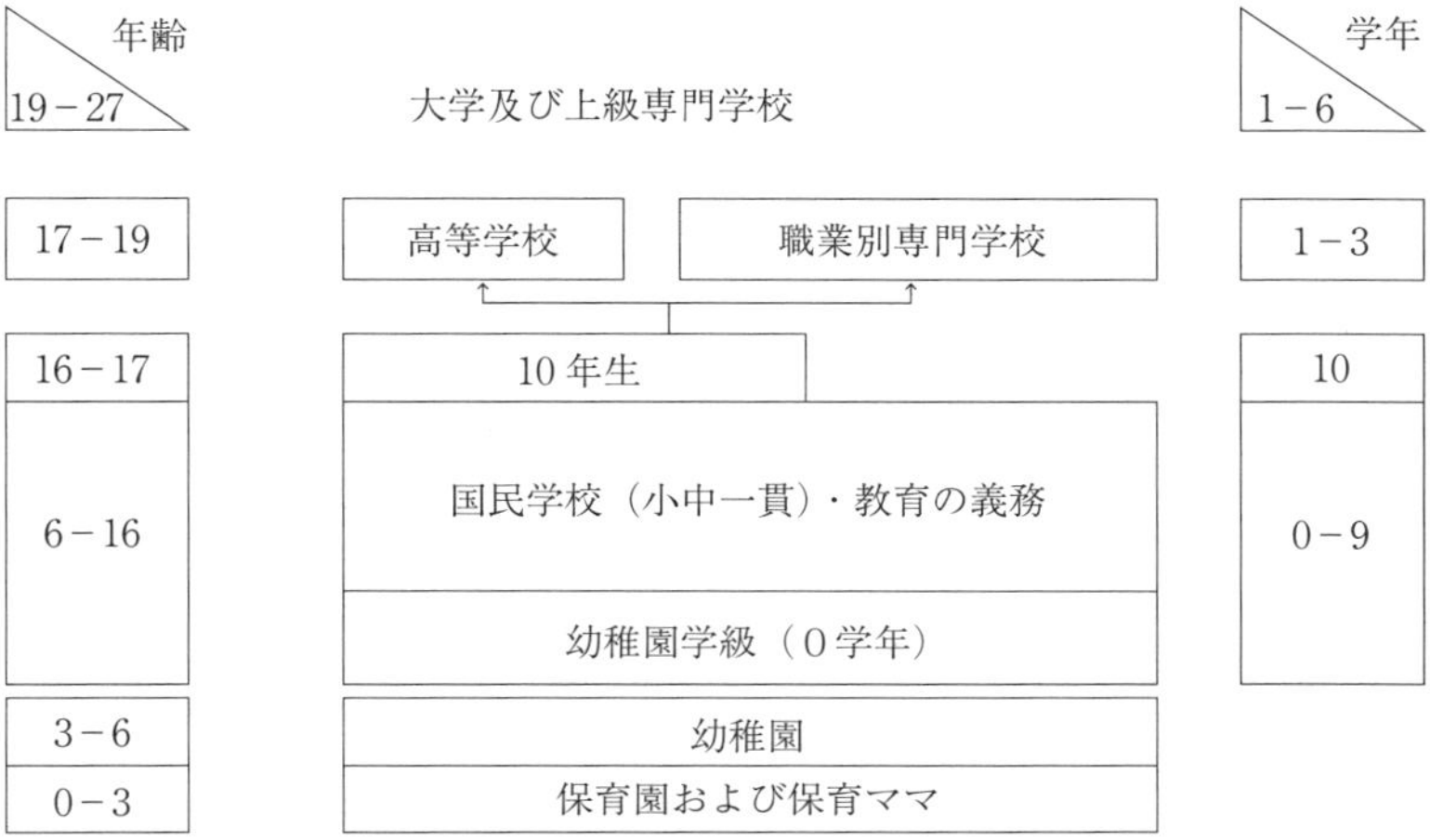

出所）銭本隆行『デンマーク流「幸せの国」のつくりかた』明石書店，2013年，p.92

る社会福祉専門職（社会保健介護士）の養成について日本と比較検討しながらその特徴について述べることにします。デンマークの教育制度は図表３－５のとおりとなっています。

この図表のとおり、日本のように保育園（保育所）か幼稚園を選択するのではなく、デンマークでは、〇歳から三歳児は保育園あるいは保育ママへ、三歳から六歳児は幼稚園へと進みます。また、日本の小学校と中学校に該当する学齢は小中一貫教育となっており、国民学校という呼称です。授業料に関しては一部の私立学校以外原則無料です。同国の教育の特色は、幼稚園から自立・自己決定を尊重したものでカリキュラムに縛られない教育を実施しているところです。なお、国民学校では「共生社会」の基礎を学んでいます。また、グルンドヴィの教育思想（人間尊重の教育）を継承した国民高等学校（フォルケホイスコーレ）があります。私立のため経営は授業料収入と国庫補助によって賄われています。以上がデンマークの教育制度の基本です。国民学校を終えると一六歳あるいは一七歳の年齢ですが、そこからは大学を目指して高等学校（ギムナジウム）に進学する者または職業別専門学校に進学する者あるいは両コースを選択しない者とに分かれます。

福祉関係の専門職を希望する者のうち介護専門職である社会保健介護士を目指す者は国民学校を卒業して、専門学校へ進学します。初級社会保健介護士を希望する者は修了年限が一年二か月間であり、上級社会保健介護士はそこからさらに一年八か月学びます（ただし、義務ではありませんが、国民学校卒業後学力的にあるいは進学に自信のない者は国民学校の一〇年生クラスを選択します）。

社会保健介護士には初級と上級がありますが授業科目は両資格共に一般科目と基本科目に分かれています。

なお、上級社会保健介護士の資格を取得すると、就職する者は病院あるいは施設にて福祉サービス・計画等の業務につくか、または上級の専門学校に進学して（特別入学試験あり）三年間学ぶことにより、看護師、ソーシャルワーカー、保育士、作業療法士、理学療法士等の資格をえることができます。最後に図表3－6にて日本の介護福祉士とデンマークの社会保健介護士の養成科目の相違を示しておきたいと思います。

（6）今後の課題

デンマークは生活大国として今日まで歩んできました。しかし、今後わが国同様人口の高齢化に伴って、要介護高齢者、なかでも、認知症高齢者の増加が予測されています。ただし、日本のように顕著な少子高齢化社会であって、将来人口が減少する社会ではなく、

図表3－6　日本とデンマークの介護福祉士と社会保健介護士の養成科目の相違

①日本の場合（介護福祉士2年課程）

領域			教育内容	時間数
人間と社会	人間の理解	必修	人間の尊厳と自立	30以上
			人間関係とコミュニケーション	30以上
	社会の理解		社会の理解	60以上
		選択	※上記必修科目のほか，人間と社会に関する選択科目	
		小　計		240
介護			介護の基本	180
			コミュニケーション技術	60
			生活支援技術	300
			介護過程	150
			介護総合演習	120
			介護実習	450
			小　計	1260
こころとからだのしくみ			発達と老化の理解	60
			認知症の理解	60
			障害の理解	60
			こころとからだのしくみ	120
			小　計	300
合　計				1800

②デンマークの場合

［初級社会保健介護士］
授業科目は一般科目と基本科目に分かれている。一般科目には「社会とヘルスケア」（60時間），「看護」・「記録」（計150時間），「リハビリテーション」・「社会学」・「ヘルスケア実践」（計105時間），「心理学」・「コミュニケーション」（計75時間），「労働一般」・「人間工学」（計30時間）等がある。また，基本科目として，「デンマーク語」（120時間），「英語」（60時間），「自然科学」（60時間）等がある。その他に「選択科目」（30時間），「選択専門科目」（30時間），「実習」（960時間）の合計1680時間となっている。

［上級初級社会保健介護士］
一般科目は「看護」（150時間），「細胞病理学」・「薬学」（計120時間），「生理学」・「質の保証」・「記録」（計90時間），「病気予防」・「リハビリテーション」（計90時間），「健康教育」・「コミュニケーション」（計90時間）等となっている。また，基本科目として，「デンマーク語」（60時間），「自然科学」（120時間），「英語」（60時間），その他「選択科目」（30時間），「選択専門科目」（60時間）等を開講している。なお，「実習」（1350時間）で合計2310時間となっている。

出所）厚生労働省「介護福祉士養成課程における教育内容等の見直しについて」，SOSU「SOSU Sjælland」（www.sosusj.dk）等を参照して作成

図表３－７　今後のデンマークの高齢者福祉対策

○デンマークの高齢者福祉では，1980 年代末に「施設」の新設を禁止して「住宅」中心のケアへ転換。
　巡回型 24 時間ケアを提供する体制を実現。
○今後の高齢者数の増加に対応してケアを「再定義」し，「トリプル・ウィン」の状況を目指す。
　◆「できないことを代わりにする」ケアから，リハビリにより身体機能を回復させ「できないようなことをできるようにする」ケアに方針転換。
　◆福祉技術（Welfare Technology）の普及による経費削減とサービス向上にも積極的に取組み。

高齢者に対するケアの現状

①在宅ケア
・自宅に居住し日常生活に支障のある方々が対象
・3 タイプのケアを提供（家事の代行，身の回りの衛生，配食サービス）
・13 万 3 千人が利用（65 歳以上，2012 年）

②施設ケア
・自宅で生活困難になると施設に移る。
　◆施設に移る平均年齢は 84 歳
　◆施設で過ごす平均的な期間は 2 年半
・4 万 2 千人が施設で生活（2011 年）

今後の高齢者数の増加

	2012 年	2050 年
総人口	558 万人	614 万人
65 歳以上	97 万人（17.3%）	151 万人（24.6%）
80 歳以上	23 万人（4.1%）	60 万人（9.8%）

ケアの再定義

○リハビリの重視のケアへの転換
○福祉技術（Welfare Technology）の普及

トリプル・ウィンの解決策

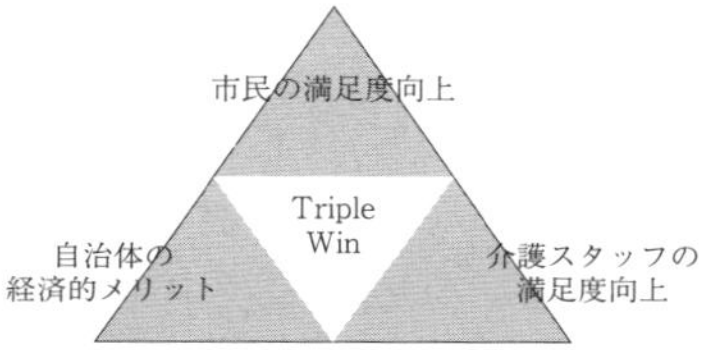

出所）国土交通省国土政策局「デンマークの経済社会について」2014 年 4 月

六五歳以上の高齢者数は増加しますが（二〇一二：九七万人（全人口の一七・三％）→二〇五〇：一五一万人（全人口の二四・六％））、合計特殊出生率（二〇一二：一・七三％）が日本のように極端に低くないので将来人口の減少はありません。

現在、デンマークの高齢者ケアサービスは介護付高齢者施設が廃止され、介護型住宅と高齢者住宅の二種類の高齢者住宅を中心に展開されています。しかし、経済の停滞、社会保障財政の逼迫、要介護者の増加等があって、福祉を担う各市において福祉財政の引き締めもあって、二四時間在宅ケアの推進、民間事業者の参入等が見られるようになりました。また、ケアの現場では介護ロボット（掃除ロボット、ロボット・ペット）の導入、食事支援装置、ケアの再定義（「ケアされる高齢者」から「自立した元気な高齢者」へ）が各市においてなされようとしています。具体的にはトリプル・ウィンの推進です（図表3－7参照）。このようにデンマークでは、今後もケアの質を落とさず、介護スタッフの満足度向上、行政コストの削減、市民の満足度向上、地域経済の活性化を図りながら高齢者ケアサービスを推進していこうとしています。

注

（1）野村武夫『「生活大国」デンマークの福祉政策』ミネルヴァ書房、二〇一〇年、二一〇ページ
（2）松岡洋子『デンマークの高齢者福祉と地域居住』新評論、二〇〇五年、二〇ページ
（3）www.mhlw.go.jp/shingi/2003/12/s1222-4d27.html「デンマークにおける高齢者住宅政策について」を参照

参考文献

松岡洋子『デンマークの高齢者福祉と地域居住』新評論、二〇〇五年
銭本隆行『デンマーク流「幸せの国」のつくりかた』明石書店、二〇一三年
ケンジ・ステファン・スズキ『デンマークが超福祉大国になれたこれだけの理由』合同出版、二〇一〇年
「デンマークの社会福祉事情」『総合社会福祉研究』第十一号総合社会福祉研究所、一九九七年、一二八―一四三ページ
「デンマークの高齢者福祉の現状と課題」『神戸親和女子大学大学院研究紀要』第一〇巻、二〇一四年、一―一三ページ
「デンマークのケアスタッフ養成教育に関する現状と課題―我が国のケアスタッフ養成への影響と新たな介護福祉士課程の構築」『神戸親和女子大学大学院研究紀要』第十一巻、二〇一五年、五七―六八ページ
ケンジ・ステファン・スズキ『なぜ、デンマーク人は幸福な国をつくることに成功したのか』合同出版、二〇一〇年

成清美治「デンマークの高齢者福祉の現状と課題」『神戸親和女子大学大学院研究紀要』第一〇巻、二〇一四年
仲村優一・一番ケ瀬康子編集委員会代表『世界の社会福祉―デンマーク・ノルウェー』旬報社、一九九九年

4 フィンランド

(1) フィンランドの概要

フィンランド共和国（Republic of Finland）の面積は日本よりやや小さく三三・八万㎢で、総人口は約五四三万人（二〇一四）で、言語はフィンランド語を話す人が約九五％以上で残りがスウェーデン語を話す人となっています。首都はヘルシンキです。主な産業は金属・機械、電子・電気機器製造、紙・パルプ・木材関連です（外務省）。なお、人口高齢化率は一七・二％（World Population Prospects, 2010）となっています。

同国の社会保障の特徴は①予防を目的とした社会福祉保健制度、②社会福祉保健サービス、③所得保障の三つの柱で成り立っています。また、所得保障は国、社会サービスは他の北欧諸国と同様、自治体が提供しています。

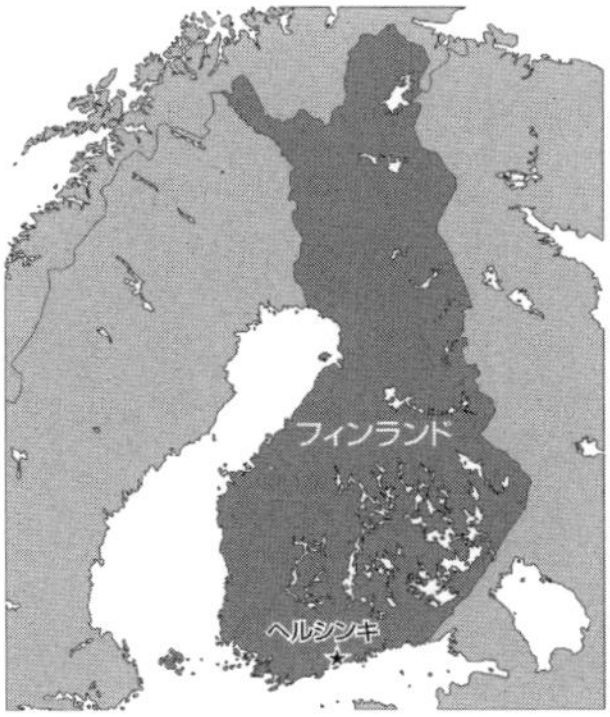

その特徴を要約すれば、高福祉高負担、高水準の社会保障・社会福祉、地方分権型の行政システム、普遍主義、所得再分配、平等主義等をあげることができます。今日では、ムーミンとサンタクロースで世界的に有名ですが、フィンランドがロシアから独立を果たす（一九一七）までは苦難の連続でした。

同国は一三二三年よりスウェーデンに支配されていましたが、その後、一八〇九年にロシアへ割譲されました。一九一七年の独立後、国名をフィンランド共和国（Republic of Finland）としましたが、以後も対ソ戦争、対独戦争で苦難の道を歩みました。一九五五年には国連に加盟し、今日、世界的に高度な電子機器の製造、高度の教育立国並びに福祉国家として確固たる地位を築いています。

同国の社会保障・社会福祉の基本は北欧モデルの推進ですが、他の北欧諸国と同様、高福祉高負担型としており、その財源は租税方式です。また、同国の福祉事業において貢献しているのがスロットマシン協会（ＲＡＹ）です。

この組織は一九三八年にひとつの団体になりましたが、以前は八団体に分かれていました。スロットマシン協会の目的はスロットマシンの製造と全国への供給（レストラン、バー、カフェ、ゲームセンター等へ）と利益の正しい配分となっており、この協会の利益配分の六〇％以上が福祉業界に還元されているのです。

毎年スロットマシン協会から援助をうけている福祉団体は二、〇〇〇以上あります。このように同協会がこれまでフィンランドの高齢者福祉、障害者福祉等の事業者に対して行った財政的支援は莫大であり、フィンランドの福祉業界に多大な影響を与えました。

今後、スロットマシン協会は、支援を拡大し、在宅ケア（デイケア、デイサービス）に対する援助を行う予定です。

(2) フィンランドの福祉国家への道

フィンランドの福祉国家の建設は他の北欧諸国の福祉国家建設より数十年遅れました。

図表４－１　北欧諸国における農業人口の推移

（%）

国	1880	1890	1900	1910	1920	1930	1940	1950	1960	1970
フィンランド	83	81	78	74	73	70	64	46	36	20
スウェーデン	66	63	57	50	44	38	31	22	14	8
ノルウェー	52	49	41	39	37	35	30	26	20	12
デンマーク	50	45	48	43	35	35	30	26	18	11

出所）山田眞知子『フィンランドの福祉国家の形成』木鐸社，2006年，p.66，表1「ヨーロッパ諸国における農業人口の推移」を一部修正して作成

その原因は、第二次世界大戦後のソ連（現ロシア）に対する賠償、戦後の復興、農業中心の産業等の問題を抱えていたからです。他の北欧諸国と比較して、同国の農業従事者人口割合は非常に高く、減少に転じ始めたのは一九五〇年代でした。

図表４－１は、北欧諸国における農業人口の推移ですが、フィンランドは他の北欧諸国と比較して、農業人口の割合が高いのがよくわかります。他の国々は戦後いち早く、農業立国から工業立国への「舵」を切ったため他の北欧諸国の農業人口が二〇％台になるのが一九五〇年代であったのに対して、フィンランドは一九七〇年代と二〇年も遅れました。同国は、伝統的に森林資源が豊富で紙・パルプ、家具産業が盛んでした。そのため産業人口に占める第一次産業の割合が戦前、戦後を通じて高かったのです。しかし、その後の森林加工産業の機械化、農業の機械化によって農業人口の過剰化現象が始まりました。これらの要因が同国を工業立国への道を歩ませる契機となりました。

フィンランドの産業形態は、一九六〇年代に急速なる経済の高度成長とともに過剰農業人口が新しい産業に吸収され、農業立国から工業立国に変貌しました。それに伴って、労働人口が地方から都市へ移行することによって都市化や家族構造の変化が始まりました。また、同時期に選別的社会福祉から普遍的社会サービスへと変化したのでした。このようなかフィンランドの福祉国家の建設は一九五〇年代後半に始まるのですが、その基本的枠組みは、社会保険（国）と社会サービス（自治

体）の組み合わせです。

福祉国家の原動力である経済の成長を支えたのが、技術のイノベーションであり、地方分権化推進でした。前者に関しては、最も有名なのは、ゴム製品の生産からＩＴ産業に変身した携帯電話端末機で世界最大のシェアを誇ったノキア（Nokia：一八六五年設立）の誕生でした（現在もノキアの名称でゴム長靴を製造・販売しています）。その他にテレコムおよびモバイル・オペレーターのソネラ（Sonera）、電子機器製造サービスのエルコテック・ネットワーク（Elcoteq Network）等、情報関連企業が多く育ちました。

福祉国家建設に欠かせないものが、教育政策です。フィンランドは日本のように「学習塾」が存在しないので有名です（学校の宿題は在校中に行い、帰宅後は自由時間として過ごすのです）。しかも、ＯＥＣＤが行ったＰＩＳＡ（国際学習到達度調査）では、例年トップクラスの成績を収めています。フィンランドでは数百年前から、教会が中心となって実践してきた「読み書き」文化が存在します。そして、フィンランド人は国家が図書館制度を促進したこともあって、国民の図書館利用率が高いので有名です。このことも教育レベルの高さに貢献しています。また、学習遅滞児に対しても特別学習授業を開講して、できるだけ平等・自由の理念を教育に導入しています。もちろん高等教育まで授業料は無料、学校給食も無料です。要約するとフィンランドの教育は、教育者の質が高く（教員は大学院卒）、現場の裁量を拡大し、現場に自由と責任をもたせているのが特徴です。(1)

このように他の北欧諸国より福祉国家の建設が遅れましたが、今日ではフィンランドの社会ケアサービスのあり方が大いに注目されています。

同国の福祉国家建設において、大きな節目となったのは一九八四年の「ＶＡＬＴＡＶＡ」改革でした。同改革は、国と自治体間の社会ケアサービス提供における役割分担の再構築、施設ケアから脱施設ケア（オープンケア）への移行の促進を図るもので、北欧型の福祉国家としての基盤がつくられた改革でした。(2)

この改革によって、社会福祉の領域において自治体間格差の解消が進むと同時に、これまで保育ケア事業に比較して遅れていた高齢者ケアが充実することになりました。これ以降、高齢者は自治体の提供する高齢者ケアサービスを「顧客」（権利と地位）として、うけることとなりました。この改革の後、一九九三年に「包括補助金制度」が導入されました。この目的は国から地方自治体に対するサービスの権限移譲でした。ここに自治体を中心とした社会ケアサービスの提供が名実ともに実現し、他の北欧諸国と同様、普遍主義を標榜する福祉国家が誕生しました。

（3）社会サービス

フィンランドの社会ケアサービスの財源は租税であり、すべての国民にサービスを提供する普遍主義に基づき実施されています。そのサービスの提供は原則として地方自治体によって行われています。

この理由として、高度に発達した住民参加のもとでの地方自治体の存在があります。

一九九五年には、「新地方自治体法」が施行され、以前より自治体の自由裁量の幅が大きく広げられ、住民参加が強調されるようになりました(3)。

こうしたフィンランドの地方自治体を供給主体とした社会サービスの概念は、一九七〇年ごろに登場しました。フィンランドで法律の名称に社会ケアサービス概念が導入されたのは「社会サービスのために徴収される納税に関する法」(一九八三)でした(4)。

ところで、社会サービスについて、同国の「社会福祉の原理に関する委員会」(一九七一)の最終報告で次のように定義されました。「社会サービスは次のようなサービスである。サービスが個人によっては提供されないか、サービスの性質からして提供は社会が行うべき場合に限って、社会によって組織され、社会の支援と管理によって個人と家族のニードを満たすように調整されたサービスである。したがって社会サービスは、社会保障政策に限定されないばかりか、労働、保健、および文化政策も含むものである」としています(5)。

このような、普遍主義的社会サービスが何故、北欧諸国の福祉モデルとなったのでしょうか。そこには、北欧独特の社会的背景が存在します。その要因の第一は、基本的人権のひとつである社会権(市民固有の権利)の存在です。社会権を容認した章典・宣言・憲法として有名なのは、イギリスの「権利章典」(一六八九)、「アメリカ独立宣言」(一七七六)、社会的、文化的権利を容認した「フランス憲法」(一七九一)等ですが、フィンランドにて、社会権が登場するのは第二次世界大戦後です。同国の社会権の根源は、一九四八年の「世界人権宣言」でありました。同宣言の第二二条「すべて人は、社会の一員として、社会保障をうける権利を有し、かつ、国家的努力及び国際的協力により、また、各国の組織及び資源に応じて、自己の尊厳と自己の人格の自由な発展とに欠くことのできない経済的、社会的及び文化的権利を実現する権利を有する」にあります。第二はフィンランドを含む北欧諸国の置かれている地理的・歴史的立場です。北欧諸国は北半球の極寒に属し、一部の地域以外農作物の収穫が困難でありました。そのため七世紀後半から、生活物資の獲得、領地の拡大を目的として船団を組んで北海から地中海に渡ってバイキングとして海外に進出しました。のちにヨーロッパ各地に移住し、各国の文化に影響を与えました。彼らは船底一枚の上で、共同生活を営みながら海賊・交易、植民を繰り返したのでした。このような運命共同体の生活から社会連帯意識が形成されていったのであり、その歴史的経緯が今日の普遍主義的社会サービスに至っていると考えられます。第三は地理的に気候状況が厳しく、そのため農作物の生産労働は困難を極めました。このことが、農民自身の生活を苦しめたと同時に封建領主の経済的・政治的基盤が脆弱なものとなり、北欧諸国における絶対的権力を構築するのが困難でありました[6]。特にフィンランドは一四世紀以降スウェーデン、一九世紀はロシアの支配下に置かれていたため同国において、絶対的封建領主が存在しなかったことも社会連帯・共同体を構成するのに都合がよかったのです。

(4) フィンランドの高齢者福祉

フィンランドの高齢者福祉の目標は、図表4-2のとおりで、①安全に自宅で暮らせ

図表４－２　フィンランドの高齢者福祉の目標

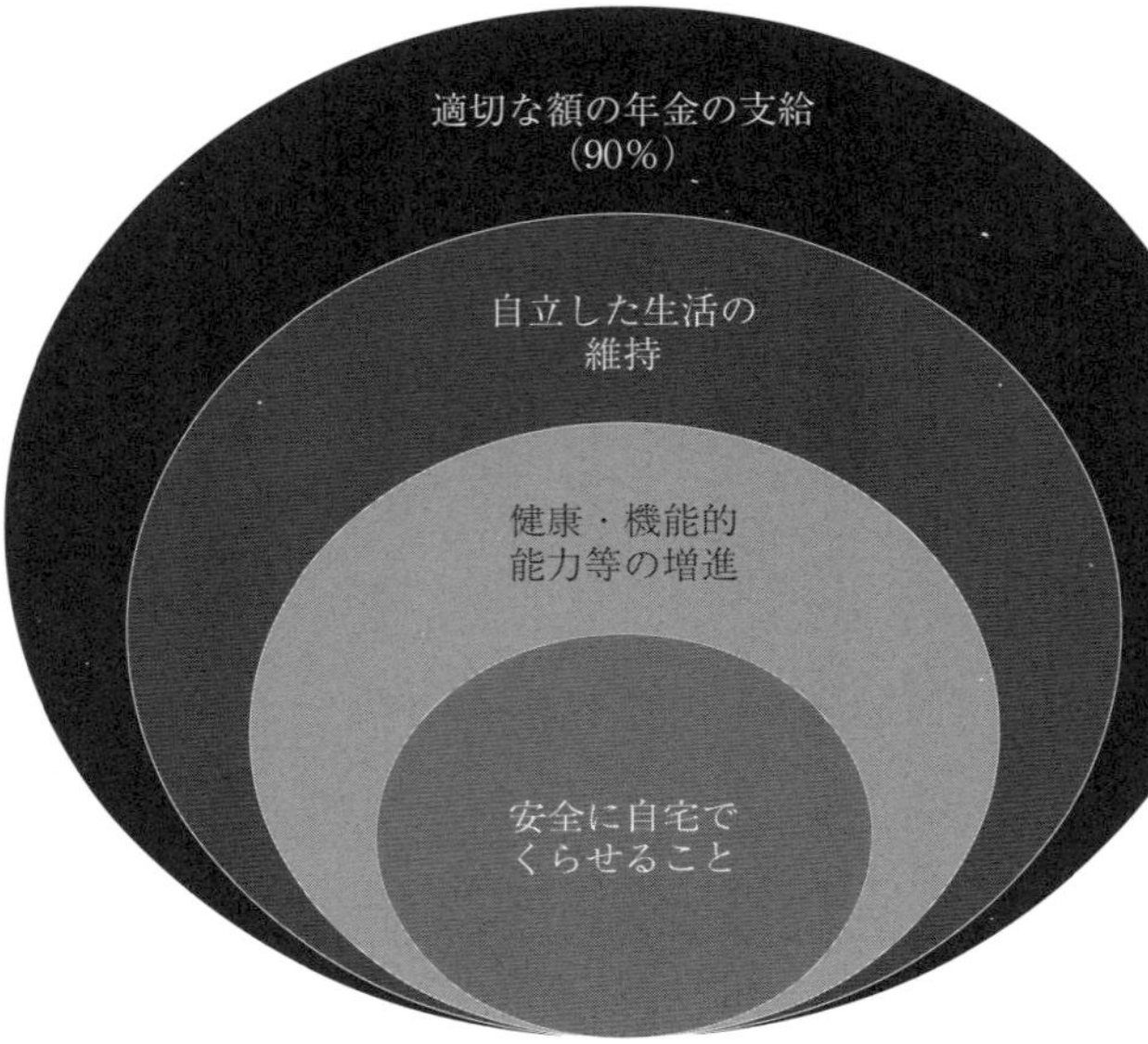

資料）「Ageing Policy Objectives」
出所）高齢者住宅財団「2005 年度フィンランド高齢者住宅視察報告書」
2006 年，p.3

ること、②健康・機能的能力等の増進、③自立した生活の維持、④適切な額の年金の支給（九〇％）となっています。

フィンランド憲法の第六条で「全ての者は法の下では平等である。正当な理由がなくとも性別、年齢、素性、言語、宗教、信念、意見、健康、障害あるいは他の個人に属する理由に基づいた差別をしてはならない」と平等に関して規定しています。また、第一九条「社会保障の権利」で「自力で人間に値する生活の条件となる保障をえることができない者は、必要不可欠な生活保障とケアを受ける権利がある」と国民の社会保障を受ける権利を規定しています。すなわち、フィンランドも他の北欧諸国と同様「平等主義」と「社会保障を受ける権利」を明確にしています。

フィンランドは、平等思想に基づいて社会サービスが行われているため、わが国の後期高齢者医療制度のように高齢者を特別扱いするような制度は存在せず高齢者を一般市民として扱っています。高齢者に関する福祉は、国の憲法と社会福祉全般を規定する社会福祉法（Sosiaalihuoltolaki, 17.9.1982）に基づく、育児や子育てのための福祉、障害者のための福祉など社会福祉全般に関する枠組みを定めた法律のなかの一要素として位置づけられています。(7) 社会福祉法の第一条「本法でいう、社会福祉とは、社会福祉サービス（社会サービス）、公的扶助、社会手当およびこれらに関連する措置を指し、個人、家族およびコミュニティの社会的安定と活動能力を向上させ維持することを目的とする」、第二条「本法でいう自治体の実施する措置については、法律で別途定められないかぎり、社会福祉・保健の計画および国家分担に関する法律が適用される」とあり、法律の適用範囲が定められています。そして、社会福祉サービスとして、第一七条に高齢者福祉サービスを含む自治体の実施項目を以下のように規定しています。①ソーシャルワーク、②教育・家庭相談、③在宅サービス、④居住サービス、⑤施設福祉、⑥家庭ケア、⑦家族介護手当等であり、ほとんどの項目に高齢者サービスが該当します。(8)

なお、社会福祉法以外で高齢者サービスに関係する法律名をあげると、知的障害者の特別ケアに関する法律、自治体の責務である重度障害児への住宅改造、移送、リハビリ、通訳のサービスとして規定し、自治体の責務である障害者サービス提供法（一九八七）等が高齢者に関係のある法律です。

フィンランドの高齢者福祉政策遂行において忘れてはならないのが、すでに(1)でふれたスロットマシン協会の存在です。同組織は基本的に国とＮＰＯによってつくられた「公営ギャンブル」機構で、一九三八年に統一機関として設立されました。なお、その収益はすべて国民の保健・福祉の向上を目的とする公益事業に使われています。一九六〇年代にカジノゲーム、一九九〇年代には国際レベル水準のカジノもつくられました。ちなみに、売上は五億九、五〇〇万ユーロ、収益は四億四五〇万ユーロ（ともに二〇〇五年度）となっています。この組織がフィンランドの高齢者福祉（民間）の発展に寄与してきたことは間違いありません。今後の援助は、高齢者の増加に伴う認知症に対する研究・開発が対象となると考えられています。なお、同協会は高齢者の娯楽に対しても援助を行っています。

サービスハウス
サービスハウスは基本的に賃貸住宅ですが分譲タイプもあります。同ハウスには食事、介助、掃除、事務手続きおよび外出する際の付き添い、二四時間体制の通報システム等のサービスが備わっている。住宅の面積は四〇〜四四㎡となっています。また、住環境の基本は車イスあるいは杖をついて移動できるか介護者がついても移動がスムーズに行えることとなっています。

（5）高齢者ケアの現状と課題

フィンランドも他の北欧諸国と同様、一九九〇年代の経済危機以降、福祉国家としての形態を変容させました。それは社会サービスにおける民間部門の参入促進です。現在、同国には約一三万の民間の登録団体が存在し、地域の生活向上に貢献しています。特に施設でも病院でもない、高齢者向けサービスハウス（ケア・サービス付き住宅）の開発・供給は一九七〇年代から始まり、今日まで高齢者向け住宅として開発されてきました。

図表4－3は、部門別福祉サービス生産従事者割合と民間サービス事業者数（一九九〇〜二〇〇四年）の推移を示したものです。

これをみると一九九〇年から二〇〇四年までの公共部門の割合をみると年々減少していることがわかります。反対に民間部門の割合が、同期間倍以上増加しています。また、同

図表４－３　部門別福祉サービス生産従事者割合と民間サービス事業所数の推移（1990 － 2004 年）

	1990 年	1995 年	2000 年	2002 年	2004 年
公共部門	87.9%	86.6%	79.3%	76.0%	73.3%
非営利団体 järjestöt	11.6%	11.9%	16.2%	18.1%	19.0%
営利企業 yritykset	0.5%	1.6%	4.5%	5.9%	7.7%
民間部門計	12.1%	13.4%	20.7%	24.0%	26.7%
総職員数	116,742	117,400	151,174	152,275	162,983
民間事業所数	741	—	2,664	3,018	3,275

出所）藪長千乃「1990 年代におけるフィンランド型福祉国家の変容」『文京学院大学人間学部研究紀要』Vol.10，No. 1，2008 年，p.210

期間の総職員は一一六、七四二人から一六二、九八三人に増加しています。こうした傾向の要因は、①地方財政における逼迫化による民間事業者の導入推進、②人口の高齢化によるニーズの拡大、③社会サービスの拡大に伴う職員数の増加等が考えられます。しかし、減少したとはいえ公共部門が二〇〇四年の時点で七三・三％を占めているのをみても、サービス供給主体の割合の大部分を占めているのは公的部門であることに変わりはありません。

フィンランドも人口の高齢化が年々進んでいますので、今後ますます高齢者ケア部門サービスの拡大が必要となります。そこでフィンランド政府は、高齢者福祉部門の費用を削減するため、現在、家族ケア支援制度（現行は二〇〇五年の「家族ケア支援に関する法律」に基づいている）を導入しています。この制度は介護者（家族あるいは近親者）が介護サービスを必要とするとき要介護高齢者に対して、介護者と自治体が契約を結び介護者に対して、自治体が手当金を支払うシステムです。このシステムはドイツ介護保険制度の家族介護者に支払われる現金給付制度に類似しています。この制度の導入の目的は、自治体の社会福祉に対する裁量・権限を強めることと同時に高齢者福祉に対する費用（人件費）の削減であります。

(6) 今後の課題

フィンランドは、他の北欧諸国同様、高齢社会を迎えようとしていますが、以下のような課題を指摘することができます。

①全人口に占める六五歳以上の高齢者が二〇三〇年には二六%となると予測されています。そこで、他国同様、フィンランドも高齢者ケアサービスの担い手（介護職員）を確保するのが命題となっていますが、重労働、低賃金、低社会的評価等に対して、どのような具体的改善策を講ずるのか、②今後、高齢者ケアサービスに対する支出の拡大に伴い、その「質」「量」の確保をどのようにするのか、その際、民間部門に現在以上に依存するのか、③フィンランドの社会福祉関係費用は社会保障費全体の約三分の一を占めていますが、今後も増大するなかで財源（租税の負担増あるいは新設の自己負担か）をどのように捻出するのか、④情報産業の発展と教育制度の充実を中心にフィンランドは福祉国家として発展してきましたが、今後もグローバル経済のなかで発展することができるのか等です。これらの課題をクリアできるかどうかが、今後のフィンランドの高齢者ケアサービス、ひいては社会福祉政策に多大な影響を及ぼすと思われます。

最後に、高齢者ケアサービス政策のあり方として、他の北欧諸国同様、自治体財政負担の軽減化を推進するため職員数を増やさず老人ホームからサービスハウス並びに訪問介護（一部民間に委託）に高齢者ケアサービスを変更しつつあります。

これまでフィンランドは情報産業の発展と教育制度を中心に福祉国家として発展してき

ました。今後もグローバル経済の下で他の北欧の国々と同様、福祉国家体制を維持するために福祉サービスの民間部門への参入推進、公的部門の縮小、公務員の削減等幾多の難問を抱えていますが、これらの課題をクリアできるならば、フィンランド国民のアイデンティティ（＝自由・平等・公平）の下で今後も福祉国家を維持・継続することができるでしょう。

なお、フィンランドのケアサービスの担い手は、ライホイタヤ（lähihoitaja）という社会・保健医療共通基礎資格で保健医療分野と社会サービス分野（子どもから高齢者まで）の日常生活におけるケアを担っています。

注

（1）成清美治「フィンランドの高齢者福祉―その社会サービスの特徴」『神戸親和女子大学大学院研究紀要』第八巻、二〇一二年、三四－三六ページ

（2）石井敏「フィンランドにおける高齢者ケア政策と高齢者住宅」『海外社会保障研究』Ａｕｔｕｍｎ二〇〇八年、№一六四、四二ページ

（3）山田眞知子「フィンランドの地方自治体とサービスの構造改革」比較地方自治研究会、二〇一〇年、三ページ

（4）ヨルマ・シピラ編著、日野秀逸訳『社会ケアサービス―スカンジナビア福祉モデルを解く鍵』本の泉社、二〇〇三年、四三ページ

（5）同上、四四ページ

(6) 成清美治「デンマークの社会福祉事情」『総合社会福祉研究』第一一号、一九九七年、二〇三ページ
(7) 高齢者住宅財団「二〇〇五年度フィンランド高齢者住宅視察報告書」二〇〇六年、二ページ
(8) 仲村優一・一番ケ瀬康子編集委員会代表『世界の社会福祉―スウェーデン・フィンランド』旬報社、一九九八年、五〇三―五〇六ページ

参考文献

イルッカ・タイパレ著/山田眞知子訳『フィンランドを世界一に導いた一〇〇の社会改革』公人の友社、二〇〇八年
マニュエル・カステル、ペッカ・ヒネマン著/高橋睦子訳『情報社会と福祉国家』ミネルヴァ書房、二〇〇五年

著者紹介

成清《なりきよ》　美治《よしはる》

兵庫県生まれ

1985年　龍谷大学大学院文学研究科社会福祉学専攻修士課程修了
（社会福祉学博士）

略　歴

四條畷学園女子短期大学，神戸女子大学，神戸市看護大学，福井県立大学，神戸親和女子大学教授等を経て現在，神戸親和女子大学客員教授

主　著

『社会福祉を考える』（単著）杉山書店（1995）
『ケアワークを考える』（単著）八千代出版（1996）
『ケアワーク論―介護保険制度との関連性のなかで』（単著）学文社（1999）
『新・ケアワーク論』（単著）学文社（2003）
『ケアワーク入門』（単著）学文社（2009）
『私たちの社会福祉』（単著）学文社（2012）
『現代社会福祉用語の基礎知識（第12版）』（編集代表）学文社（2015）ほか